El Código del Inversor

Desarrolla la sangre de un trader y la visión de un emprendedor

Gonzalo Francisco Sotgiu

INDICE GENERAL

I. Introducción 6

CAPITULO I

LA HISTORIA DE FRANK Y EL MUNDO DE LAS FINANZAS

I. El punto de partida de un emprendedor 7

II. Comenzando a pensar como un emprendedor 15

III. Los emprendedores y los mercados financieros 38

IV. La crisis en los mercados 48

V. El lado oscuro del dinero 66

VI. Cuando los sentimientos priman sobre la razón 83

CAPITULO II

HERRAMIENTAS DEL INVERSOR

I.	Introducción	90
II.	El Mercado Electrónico	91
	2,1. El Bitcoin y las Criptodivisas	91
	2,2. Servicios de Micropagos	93
	2,3. Tiendas Online	95
	2,4. Exchangers y Procesadores de Pago	98
	2,5. Redes Sociales	99
	2,6. Webs PTC	100
	2,7. La Publicidad Online	102
	2,8. Servicios FreeLancer y el Negocio Multinivel	105
III.	El Mercado Bursátil	106
	3,1. Bonos	107
	3,2. Acciones	110
	3,3. Fondos de Inversión	113
	3,4. ETF	116
	3,5. Opciones	117
	3,6. Pase Bursátil	118
	3,7. Índices	119
	3,8. Sistemas de Inversión	122
	a) Twinvest	122
	b) GAD (Gestión Automática del Dinero)	124
	c) DCA (Dollar Cost Average)	125

	d)	Buy & Hold	126
	e)	El Sistema Bogle	128
	f)	Estrategia de los perros del Dow	129
	g)	GARP (growth at a reasonable price)	130
	h)	La fórmula mágica de Joel Greenblatt ...	131

IV. El Mercado Forex 132

    4,1. Análisis Técnico 133

	a)	Gráfico de Líneas	133
	b)	Gráfico de Barras	134
	c)	Gráfico de velas japonesas	135
	d)	Soportes y resistencias	137

    4,1.1. Indicadores 139

	a)	Indicadores de tendencia	139
	b)	Osciladores	143
	c)	Indicadores de Volumen	148

    4,2. Análisis Fundamental 150

	a)	Producto Bruto Interno	152
	b)	Tasas de Interés	152
	c)	Índice de Precios al Consumidor	153
	d)	Índice de Empleo	153
	e)	Ventas Minoristas	153
	f)	Balanza Comercial	154
	g)	Política Fiscal	154
	h)	Política Monetaria	154
	i)	Inflación	154
	j)	Bienes Duraderos	155

V.	Análisis de Commodities	156
	a) Petróleo	157
	b) Oro	159
	c) Plata	161
	d) Cobre	162
VI.	El Mercado de Bienes Raíces	164
VII.	Otros Canales de Inversión	166
	a) Fideicomiso	166
	b) Franquicias	168
	c) Inversores Ángeles	170
VIII.	Herramientas de Prevención	173
	a) Lavado de activos	173
	b) Sistema Ponzi	176
IX.	Otras Herramientas aplicables en diversos Mercados	178
	a) Simulador de clientes	178
	b) La negociación	178
	c) Técnicas de ventas	180
	d) Psicología del Inversor	183

CAPITULO III

EL CODIGO DEL INVERSOR

I. Introducción	190
II. Explicación	193
III. Conclusión final	197

INTRODUCCION

En este libro se presentan un conjunto de herramientas dirigidas a los inversores, acompañado de una historia en la cual se llevan a cabo diferentes tipos de inversiones, teniendo en cuenta aspectos técnicos, económicos, financieros y psicológicos, con el objetivo de abordar la temática de una forma integral.

El relato pretende ejemplificar un gran número de inversiones de manera práctica, enfocándose en un grupo de jóvenes que invierte en diferentes instrumentos a lo largo de los años, pero que en ocasiones se encuentran limitados por sus sentimientos, impactando de forma negativa a la hora de tomar de decisiones.

Se le dedico una especial atención a los diferentes mercados y activos que están disponibles para negociar en la actualidad, prácticamente en cualquier parte del mundo, accesibles a diferentes clases de inversores, dependiendo de sus capacidades y objetivos, con el fin de que el lector tenga un conocimiento más que amplio de todas las posibilidades que existen. Como el Mercado Bursátil, el Mercado Electrónico, el Mercado Forex, el Mercado de Bienes Raíces y otros canales de inversión. Atendiendo también fraudes de inversiones, como puede ser el lavado de activos o el sistema Ponzi, para concientizar a los inversores de las diferentes clases de riesgos que podrían afrontar.

Por último se expone el desarrollo de un análisis de estas inversiones en un marco conceptual relacionado con las matemáticas financieras y la psicología, en la cual se tiene en cuenta los factores técnicos de cada inversión en general y los sentimientos de cada individuo en particular que pueden condicionar la toma de decisiones.

La presente obra está dirigida a estudiantes y profesionales de ciencias económicas que deseen abordar una nueva forma de analizar las inversiones y a todos los inversionistas y emprendedores en busca de oportunidades de negocios e inversiones.

CAPITULO I

LA HISTORIA DE FRANK Y EL MUNDO DE LAS FINANZAS

I. EL PUNTO DE PARTIDA DE UN EMPRENDEDOR

Frank Howard Slame era un adolescente de 17 años a punto de terminar la preparatoria, al igual que muchos jóvenes de su edad no tenía muy en claro que quería realmente hacer con su vida, ni tampoco le preocupaba demasiado. Su pasatiempo era la informática, aunque no estaba seguro si quería dedicarse el resto de su vida a estar en frente de una computadora. Sus horas libres la pasaba con sus amigos que tenían una banda de rock. Todos los viernes Frank iba a ver los ensayos de la banda que estaba integrada por sus amigos Brian y Samuel. Frank solo observaba no le interesaba aprender a tocar la guitarra o la batería como ellos.
En uno de esos ensayos fue donde Frank conoció a Flor, la prima de Brian, quien lo deslumbro con sus ojos verdes y sonrisa de lado.
Si bien Frank pasaba horas hablando con Flor en los ensayos y fuera de ahí, ella no se sentía atraída por él, solo le llamaban la atención los chicos relacionados con la música, los guitarristas para ser más específicos.
Esto representaría algunos retos más que importantes para la vida de Frank:
En primer lugar necesitaba aprender a tocar la guitarra para intentar seducir a Flor, aunque era consciente que a pesar de ello podría no interesarse en él. Pero Frank quería asumir el riesgo e intentar la única posibilidad que estaría a su alcance. En segundo lugar y no menos importante, era comprar la guitarra.
Frank vivía solo con su madre, ella era empleada doméstica y en esos momentos no podía realizar tal gasto. Debido que a Frank se le complicaba conseguir un empleo porque sus estudios le ocupaban gran parte del día, tendría que pensar en otra opción para ganar dinero.

La primera idea que se le vino a la cabeza no era muy compleja. Simplemente era fabricar un producto y venderlo. Sin un análisis de mercado, ni tampoco utilizando grandes estrategias de marketing, la idea era fabricar un producto con una guía conseguida en internet.

El producto que fabricaría era una taza que cambiaba de color según la temperatura del líquido vertido en ella. Algo ingenioso y casero, pero tal vez no muy innovador, porque ya existían en el mercado.
El único detalle que le agregó Frank a la taza fue una manija desplegable que se extendía con el liquido caliente y se encogía a temperaturas ambientes o con liquido frio, con el propósito que al sujetar la taza fría se pueda hacer desde el cuerpo de la taza y cuando se calienta desde su manija.

Con un tutorial conseguido de internet Frank hizo un par de docenas de estas tazas para conseguir algo de dinero y así poder comprar la guitarra. El producto parecía alentador y todas las opiniones que pedía sobre ello fueron positivas y motivadoras.

Después de más de una semana de trabajo, fabricando estas tazas, Frank estaba listo para venderlas y tenía dos opciones: venderlas a sus familiares, amigos y conocidos directos o venderlas a comercios y tiendas aledañas a su ciudad. La primera opción le resultaba bastante incomoda, él no quería que sus familiares y amigos le compren por lastima, entonces eligió la segunda opción, planteándose la siguiente estrategia de venta:

Les pidió a sus amigos Brian y Samuel visitar diferentes tiendas preguntando por «una taza que cambie de color según su temperatura, con una manija extensible». Para que luego Frank se presente como vendedor de estas tazas y así tener éxito con la venta. En otras palabras Samuel y Brian jugarían el papel de clientes potenciales encubiertos.

Ellos aceptaron ayudar a Frank, pidiéndole una comisión a cambio, la cual se pusieron de acuerdo rápidamente sin ningún problema.

Brian y Samuel no estaban al tanto de que el dinero iba a ser utilizado para comprar una guitarra, de lo contrario ellos mismo le hubiesen prestado el dinero a Frank.

Antes de comenzar el recorrido por las tiendas Frank les pidió a sus amigos que ingresen de una forma muy particular a las tiendas.

Samuel que ingrese con anteojos de sol y Brian con zapatos de tacos, esos que hacen ruidos.
Los chicos comenzaron a reírse a carcajadas unos minutos y pensaron que Frank les estaba haciendo una broma. Pero cuando dejaron de reírse un poco, Frank les explico cuál era su objetivo.

- Samuel el lunes visitaras 10 tiendas de la ciudad preguntando por las tazas y Brian el miércoles visitaras esas mismas tiendas preguntando por las mismas tazas -dijo Frank.
- ¿Por qué los zapatos de tacos y los anteojos de sol? - preguntó Brian.
- Simplemente hay que llamar un poco la atención y si quieren hacer algún gesto fuera de lo normal como tirar un producto sin querer, atender el celular en voz alta o cualquier cosa que se les ocurra enfrente de los dueños de la tiendas, bienvenido sea - dijo Frank.

El día lunes por la mañana comenzó Samuel a visitar las tiendas de la manera establecida por Frank, además fue con su perro chigua gua, al cual le hablaba como a un bebe, con el objetivo de llamar la atención de los dueños de las tiendas. El discurso de Samuel fue el siguiente:

- Que tal, estoy buscando una taza que cambia de color con la temperatura y su manija se extiende, si el líquido vertido es caliente- dijo Samuel Mientras regañaba a su perro para que se calle.
- No, no tenemos ese producto, pero puede pasar en unos días y lo consultaremos con nuestros proveedores- le respondió el vendedor de la tienda.
- Ok, muchas gracias -dijo Samuel, caminando hacia afuera. Pero antes de salir volvió a hablar con el vendedor y le dijo «Tazas Hot-Cold» es el nombre del producto.
- De acuerdo, puede pasar en los próximos días o llamar al teléfono de la tienda -le reitero el vendedor, mientras tomaba nota del nombre del producto.
- Que tenga un buen día y muchas gracias por su amabilidad -le respondió Samuel, retirándose de la tienda mientras hablaba con su perro.

Al salir de la primer tienda Samuel se había dado cuenta que invento el nombre del producto de una manera improvisada…«Tazas Hot-Cold» se decía a sí mismo en sus pensamientos. Pero debía seguir trabajando y en un par de horas Samuel había visitado las tiendas preestablecidas con un discurso y comportamiento similar, con el fin de llamar la atención.

Por la tarde se juntaron los 3 adolescentes. Samuel les comento como habían sido las charlas con los vendedores y dueños de las tiendas, agregándole que se habían olvidado algo tan simple como el nombre del producto. Pero ese tema ya estaba resuelto. Su nombre a partir de ahora seria «Tazas Hot-Cold».

- ¡Tazas Hot-Cold! Exclamo Frank.
- Si, y no hay vuelta atrás, las 10 tiendas que he visitado ya están en la búsqueda de tazas Hot-Cold. Las mismas tiendas que visitara Brian el miércoles -dijo Samuel.
- Ok, ok, me agrada el nombre y te felicito por la elección y el ingenio de resolver el problema en el momento -dijo Frank dándole unas palmadas en la espalda.

El día miércoles era el turno de Brian y le resulto un poco más difícil realizar el trabajo, debido a que era más introvertido que
Samuel. Aunque no era una venta lo que debía hacer, sino
una simulación de cliente, pero el hecho de fingir era una situación que le resultaba algo incómodo.
La estrategia de Brian era entrar a las tiendas con dos computadoras, hablando por celular. Solamente dejar el celular en el momento de hablar con los vendedores de las tiendas. Además Brian tenía fotos de las tazas que había hecho Frank, con el objetivo de que los vendedores y dueños de las tiendas puedan visualizar el producto.
Mientras que con una mano sostenía sus dos computadoras portátiles, con la otra su teléfono celular.
Luego de simular apagar el teléfono Brian se acercó al vendedor y dijo:

- Que tal, estoy buscando una taza que cambia de color con la temperatura y su manija se extiende, si el líquido vertido es caliente.
- No, actualmente no tenemos ese producto, pero hace algunos días vino otro cliente en busca de un producto similar -dijo el vendedor de la tienda.
- ¡Que lastima! La he visto en internet y no lo he podido encontrar en ninguna tienda -dijo Brian aparentando estar muy afligido.

El vendedor le dijo más o menos lo mismo que a Samuel, que iba a consultar con los proveedores y que pase o llame en los próximos días para ver si podía conseguir la taza, pero además le dijo que lo iba a averiguan en internet.

Al terminar de visitar las tiendas, Brian fue directamente a comentarle a Frank, como le había ido. Le dijo que las tiendas iban a empezar a buscar en internet las tazas y que podría ser una gran idea comercializarlas allí. A Frank le pareció una gran idea, asique decidió ir a una imprenta para que le impriman las etiquetas para la tazas y luego publicarlas en internet.

Después de unos días de trabajo, llego el viernes, un día libre para los jóvenes, era el día que ensayaban en su banda Samuel y Brian. Pero era más que un día libre para Frank, era el único día en la semana que podía ver a Flor.

Durante esa tarde Frank estuvo a punto de invitarla a salir, pero por dentro sabía que iba a ser en vano, él no era el tipo de chico que Flor quería, sino los guitarristas, y mientras más la conocía más necesidad y motivación tenia de aprender a tocar la guitarra. Así fue como paso Frank el viernes, viendo su sonrisa y sus ojos, mientras todo desaparecía a su alrededor, incluso la música de la banda pasaba a un segundo plano.

Pero el viernes termino y tenía que esperar una semana más para volver a verla, estaba convencido que no era momento para angustiarse, sino todo lo contrario, era la hora de llevar su proyecto adelante y seguir trabajando.

Durante el fin de semana Frank preparo su discurso para vender personalmente las tazas en las tiendas que habían visitado Samuel y Brian. Se encargó de aprender algunos conceptos de ventas vía internet, como su tono de voz, su vestimenta, el discurso de presentación y como enfrentar las objeciones de los clientes.

Después de entrenarse durante todo el fin de semana, Frank despertó el lunes con motivación y entusiasmo, listo para aplicar todo lo aprendido sobre ventas.

Era el momento de ir a ofrecer el producto a las tiendas, de saber si realmente su estrategia había tenido resultados.

Pero justo antes de salir prendió su computadora para ver el clima, su email y las redes sociales, como lo hacía de costumbre cada mañana.

Uno de esos mail lo sorprendió. Le decía que tenía solicitudes de compra de tazas Hot-Cold. Los compradores eran algunas de las tiendas que habían visitado Brian y Samuel la semana pasada.

Frank no podía creerlo, su estrategia había funcionado mucho mejor de lo que esperaba. Ya había vendido sus tazas gracias al gran trabajo que habían realizado sus amigos.

Aquella mañana Frank se limitó a llevar las tazas a sus compradores, simplemente como un proveedor, sin realizar ningún discurso de ventas, ni marketing.

Pero a pesar de los grandiosos resultados obtenidos, su objetivo no era crear un gran emprendimiento, ni hacer una gran fortuna, simplemente era comprar una guitarra para poder conquistar a Flor, asique sentía que su tarea se había cumplido.

Ese mismo día Frank le llevo el dinero de la comisión por el trabajo que realizaron Samuel y Brian.

- Es un gusto hacer negocios contigo. ¿Cuándo hay que visitar nuevas tiendas? -pregunto Samuel al recibir el dinero de la comisión.
- Por el momento no voy a fabricar más tazas, ya conseguí el dinero que esperaba para comprar una guitarra -dijo Frank muy alegremente.
- ¿Qué, todo este trabajo fue por una guitarra? -pregunto Samuel muy sorprendido.
- Mi objetivo era comprar una guitarra y ya lo he cumplido, pueden seguir ustedes en el negocio si lo desean. Yo solamente necesito tiempo para aprender a tocar la guitarra.
- ¿Pero Frank, todo este trabajo fue solamente por una guitarra? Podemos ganar mucho dinero con este producto y esta metodología de ventas -dijo Brian, intentando convencer a Frank.
- Lo siento chicos, tal vez en otro momento -respondió Frank aumentando el tono de su voz a punto de enfadarse.
- De acuerdo si esa es tu decisión, no te insistiremos más. Podemos enseñarte a tocar la guitarra si quieres -le respondió Samuel resignado.
- Muchas gracias, con la ayuda de ustedes y varias horas de práctica, estoy seguro que aprenderé rápidamente -dijo Frank.

Durante varias semanas Frank practicó varias horas todos los días hasta que logro alcanzar un nivel intermedio, bastante aceptable para unirse a la banda de Brian y Samuel, y así poder ensayar con ellos.
Después de algunos meses, quería dejar de ser espectador en la banda y pasar a ser un integrante más.
Finalmente llego un viernes más de ensayos y Frank tocó con sus amigos y la única espectadora era Flor. Esa tarde Frank sorprendió a todos por estar a la altura de sus amigos en tan poco tiempo, incluso Flor estaba muy sorprendida y le sonreía casi todo el ensayo.

Al finalizar el ensayo, todos los felicitaron a Frank por haber tocado tan bien, parecía que había tocado la guitarra durante años.
Después de despedirse de sus amigos, Frank acompaño a Flor su casa, era la oportunidad de decirle lo que sentía. Fueron 8 cuadras a paso de tortuga.
A pesar de aparentar estar calmo, Frank estaba muy nervioso y sus palabras parecían no tener mucha coherencia, tampoco podía prestar mucha atención a lo que decía Flor, simplemente cuando la miraba desaparecía todo a su alrededor. Pero un par de cuadras antes de llegar, Flor le preguntó a Frank:
- ¿Sucede algo Frank, te ves extraño?

Frank se quedó mirándola a los ojos y literalmente era lo único que veía, no existía nada a su alrededor y el tiempo parecía haberse detenido. Finamente suspiro fuertemente e hizo un poco de esfuerzo para no tartamudear al hablar y le dijo:
- Flor me suceden cosas contigo desde hace mucho tiempo, cada día que pasa pienso más en ti y creo que me enamoro más -dijo Frank muy nervioso, y su ritmo cardiaco había aumentado considerablemente.

Mientras Flor negaba con la cabeza las palabras de Frank, mirándolo con pena le respondió:
- Lo siento Frank te aprecio mucho como amigo, pero estoy con otra persona.

Flor le dio un beso en la mejilla y se fue sola caminando a su casa.
Mientras Frank volvía a su casa se le atravesaban muchos pensamientos que le despertaban sentimientos de furia, fracaso y decepción.
Al llegar a su casa rompió su guitarra contra el suelo y se recostó en su cama mirando el techo.

Además de sentir una gran angustia por la situación, sentía la frustración como algo más que personal, como un golpe bajo a su intelecto, por no haber podido leer lo que realmente quería Flor, que era su amistad y no otra cosa.

Por otra parte sintió que todo su esfuerzo de haber practicado durante meses a tocar la guitara, había sido en vano.

Después de varias horas encerrado en su habitación, atravesando por todo tipo de sentimientos, mirando hacia el techo una y otra vez, observando su guitarra destrozada, llegó a la conclusión que nunca iba a ser bueno para el amor y para la música.

Pero también se dio cuenta (luego de un par de horas) que todo esto sucedió gracias a que pudo comprar la guitarra.

Recordando la forma en que lo consiguió, le hizo levantar su estado de ánimo, pesando que tal vez tenga algún talento para hacer negocios y ganar dinero.

Después de varias horas de reflexión, Frank encendió su computadora y vio que tenía varias demandas de compra caducados de las tazas, desde hace meses.

Frank sintió que le volvía el alma al cuerpo y pensó que era momento de volver al negocio, no por el simple hecho de ganar dinero, sino como un modo de superación personal, así como lo hacen los deportistas, los científicos y los profesionales de cualquier ámbito.

Pero Frank acababa de sufrir un fracaso amoroso y era consciente que el dolor que eso genera, puede sesgar sus pensamientos y las decisiones que deba tomar en el futuro hacia cualquier tipo de emprendimientos o inversión, asique entendió que debía tomar esta experiencia como un aprendizaje y no como una frustración.

II. COMENZANDO A PENSAR COMO UN EMPRENDEDOR

Antes de volver a llamar a sus amigos para regresar al negocio de las tazas Hot-Cold, Frank decidió hacer todo de un modo más profesional y analizar cada negocio lo más objetivamente posible, teniendo en cuenta el tipo de mercado involucrado, como se puede y se debe entrar y salir, los riesgos del mercado y el impacto psicológico de cada emprendimiento o inversión en particular.

En los días siguientes, Frank le dedico mucho tiempo al negocio de las tazas, pero esta vez su ambición era mayor, quería hacer todo de una forma más organizada, sin improvisaciones, pensando en el largo plazo del emprendimiento y sobre todo teniendo en cuenta al grupo de trabajo que lo acompañaría en todo el trayecto.

Para ello comenzó con pedirle disculpas a sus amigos Brian y Samuel que habían hecho un gran trabajo anteriormente. Pero además les ofreció ser socio por partes iguales a cada uno.

Ambos aceptaron las disculpas y el trato de la participación igualitaria en la sociedad.

Evidentemente Frank había visto un gran potencial para los negocios en Brian y Samuel. Además de su afecto y amistad que era el motor para que exista una gran confianza recíproca entre ellos.

Brian tenía una gran capacidad para resolver problemas técnicos, sumando sus conocimientos en informática, lo convertirían en un gran eslabón para conseguir todo tipo de información si fuere necesario. Además era campeón distrital de hacker, un torneo que agrupaba a los mejores hackers de la zona y aledaños.

Samuel poseía una capacidad extraordinaria para comunicarse y relacionarse con las personas, tenía la habilidad de caerle bien a todo el mundo. Básicamente era la clase de persona que podía vender arena en el desierto.

Al entender Frank el potencial de sus amigos, creyó que si él mismo tenía la capacidad para liderar el equipo, cualquier emprendimiento que lleven a cabo no tendría límites, ni obstáculos que los detengan para conseguir sus metas.

Para comenzar Frank propuso que cada uno visite 10 tiendas por día, solamente los lunes y los jueves y la semana próxima, él mismo se presentaría como vendedor. Es decir que repetirían los mismo pasos de aquellas primeras ventas que habían concluido con éxito hace un tiempo atrás.

Durante las primeras semanas el negocio resulto tal cual lo planeado, Brian y Samuel hacían un exente trabajo, gran parte de las tiendas compraban el producto vía internet en la cuenta de Frank y las tiendas que no lo hacían allí, lo compraban de todos modos, cuando Frank las ofrecía personalmente.

Todo lucia perfecto, durante meses parecía que todo el mundo quería esas tazas, en total habían recaudado más de $ 50.000. Era una fortuna para aquellos adolescentes recién salidos de la preparatoria.

Después de haber recorrido cientos de tiendas en varias ciudades aledañas, había que volver a vender a las mismas tiendas, por lo tanto no se podía volver a aplicar la misma técnica de ventas. Simplemente Frank volvía a las tiendas a tomar pedidos, como cualquier proveedor. Pero las noticias no serían tan buenas como hasta entonces.

La mayoría de las tiendas tenían stock de sus tazas, el mercado minorista no las había aceptado tan bien, debido a su costo elevado en relación con otras tazas normales.

Frank y sus amigos solo habían podido vender a las tiendas, pero estas tiendas no lo pudieron hacer con la misma facilidad a sus clientes.

En ese momento entendieron que su producto no era una gran innovación y mucho menos infalible. Pero lejos de desanimarse decidieron reunirse los tres jóvenes, para ver de qué forma podían sacar adelante el negocio, de la misma forma en que lo hace una asamblea de accionistas.

Esta reunión se llevó a cabo en la habitación de Frank, con galletas, mates, la computadora encendida y algo de música. Obviamente la informalidad se debe a la gran confianza que existía entre ellos, a pesar de la seriedad del tema.

Frank les comento claramente cuál era la situación. Era muy fácil ingresar el producto al mercado mayorista, pero ellos no podían venderlos a sus clientes (los consumidores finales).

La primer sugerencia fue de Samuel y consistía en seguir vendiendo al por mayor a otras tiendas, para esto debían viajar más lejos, ya que habían vendido en casi todas las tiendas cercanas. El problema de esta idea era que había que aumentar el costo de traslado para aplicar la misma metodología de trabajo en otros lugares. Como el alquiler de una propiedad donde quieran alojarse y fabricar las tazas, además del dinero de los viajes.

Lo primero que se le vino a la cabeza a Brian era publicitarlo en internet y hacer videos promocionando las tazas.

A Frank le pareció aceptable las dos opiniones, pero economizando el tiempo, visitando tiendas una sola vez por semana para captar nuevos clientes, ya que tenía en mente seguir conectado con los clientes actuales para volver a vender nuevamente las tazas o para ingresar un nuevo producto si fuera necesario.

Además Frank antes de implementar estos cambios quería reinvertir parte de las ganancias conseguidas hasta el momento, en un sector que no esté relacionado con su actividad productiva, como un refugio de sus ahorros, o mejor dicho los ahorros de la sociedad.

Frank había oído algo sobre una moneda digital o moneda del futuro en internet llamado Bitcoin, la cual le causaba intriga. Asique compartió esta idea de invertir en la moneda con sus amigos. Pidiéndole a Brian que le ayude a investigar sobre ello, para saber si podía ser redituable en el mediano y largo plazo.

Esa misma noche cenaron pizza los 3 jóvenes, mientras Samuel intentaba arreglar la guitarra que Frank había destruido, Brian y Frank investigaban sobre el Bitcoin.

Cerca de las 2 de la mañana Frank estaba agotado y se quedó dormido en el sillón, al mismo tiempo que Samuel tocaba baladas con una guitarra más que desafinada. El único soldado disponible para investigar sobre el tema era Brian, quien se quedó despierto, trabajando toda la noche.

Al día siguiente Frank fue el primero en despertar, Samuel estaba durmiendo usando la guitarra de almohada y Brian roncaba con una hoja encima de su cara.

Frank medio dormido aun le saco la hoja a Brian de su rostro y el titulo decía «El Bitcoin y las Criptodivisas»

Brian había preparado un informe del Bitcoin y le había agregado una conclusión general para que juntos tomen una decisión consensuada de cómo invertir en esta moneda.

Esa misma tarde decidieron que iban a hacer con el dinero proveniente de las tazas, acordando distribuirlo de la siguiente manera:

- 50 % para comprar materia prima para reponer stock de las tazas y otros gastos que puedan surgir, como le gasto de traslado a otras

ciudades, folletos de publicidad, alquiler de alojamientos que utilizaran para vender las tazas en otras ciudades, etc.
- El 30 % se distribuirá por partes iguales a cada socio para que cada uno haga con ello lo que desee.
- El 10 % lo guardarían para el caso de que ocurra algún tipo de imprevisto o surja una nueva oportunidad o idea de inversión.
- El 10 % restante se compraría Bitcoin para especular con alguna revaluación de la moneda en el futuro.

Con este nuevo plan de negocios los jóvenes establecieron una visión a largo plazo del emprendimiento.
A medida que pasaba el tiempo las tazas se vendían con más dificultad, ya que cada vez era más costoso los fletes de traslados a otras ciudades, además habían invertido en publicidad online, pero los resultados no eran muy favorables. Les resultaba muy sencillo vender las tazas al por mayor, pero luego estas tiendas no la podían vender tan fácilmente.

Después de algunos meses de viajes, hospedajes en hoteles precarios y fabricar tazas en lugares muy pequeños, como en la propia habitación donde dormían, decidieron reformular la estrategia de inversión la cual tendría un nuevo punto de inflexión en el emprendimiento de las tazas Hot-Cold.
Esta vez la asamblea dio un giro de 180 grados enfocándose en dos aspectos importantes.
En primer lugar dejar de viajar, ya que estos viajes se volvían cada vez más agotador y menos rentables. Los agotaba físicamente viajar con tanta frecuencia, además los afectaba psicológicamente el hecho de estar lejos de sus casas mucho tiempo, agregándole que los resultados no eran tan beneficiosos. Por tal motivo decidieron solamente vender en las tiendas de su ciudad y aledaños. Aunque no era un gran mercado, eran unos ingresos prácticamente fijos todos los meses con los clientes que ya habían conseguido desde un principio. Esto implicaba una reducción de las ganancias, pero mayor tiempo disponible para dedicarle a otra clase de negocios.
En segundo lugar Brian propuso dedicar algunas semanas a negocios relacionados con internet, obviamente sin dejar de lado el negocio de las tazas.
Ambos estuvieron de acuerdo ya que con esa línea a seguir podrían continuar recibiendo ingresos por las tazas (aunque no mucho) sin

gastar demasiado tiempo, mientras investigaban como ganar dinero con el mundo digital.
En otras palabras la asamblea dejo de ganar dinero a cambio de tiempo, que se traduciría en nuevas oportunidades de desarrollo y conocimientos en el ámbito de la informática, que les brindaría beneficios con creces al emprendimiento y a sus socios.
Evidentemente este costo de oportunidad era muy difícil de mensurar, pero los tres jóvenes (a pesar de su temprana edad en los negocios) habían entendido que el conocimiento era una inversión, ya sea para beneficiar a su empresa o a nivel personal y no un gasto, debido a que les permitirá crecer en el futuro para afrontar los problemas con la mayor cantidad de herramientas posibles.

Esta vez quien daría el primer paso iba a ser Frank quien investigo sobre «Servicios de Micropagos» y la manera en que se podía beneficiar la empresa.
Después de un par de horas de trabajo, Frank preparo un informe sobre el tema, que sería presentado al día siguiente en la asamblea para encontrar la manera más eficiente de implementarlo.
Al terminar el informe Frank se los envió por e-mail a Samuel y Brian, comentándoles que se trataba sobre el servicio de micropagos y les pidió que lo lean para la próxima reunión, con el fin de que cada uno pueda aportar una idea para implementarlo en el emprendimiento.
Frank siempre estaba preparado para escuchar todo tipo de sugerencias de sus amigos por más absurdas que parezcan, el simple hecho de pensarlo podría ser la puesta en marcha de diferentes caminos y oportunidades que cualquier otro emprendedor o empresario corriente dejaría pasar.
Al día siguiente Brian lo volvería a sorprender con su propuesta y el nuevo trabajo realizado. Consistía en aceptar la mayor cantidad de formas de pagos posibles para vender las tazas Hot-Cold. Además de lo usual que era venta en internet. Básicamente agregarle 3 formas de cobro que facilitaría el alcance a cualquier cliente:

a) Aceptar Bitcoins. Esta moneda parecía apreciarse cada vez más, además los comerciantes se sentían conforme con su uso;
b) Aceptar Exchangers y procesadores de pagos.

- c) Vender tazas con mensajes de micropagos, es decir el cliente con mensajes de textos podría habilitar la compra de la taza.

- Seria genial aceptar Bitcoins, aumentaría la clientela, sin necesidad de tener que viajar. Pero necesitaría que me expliques algo más sobre los Exchangers y los procesadores de pago, no tengo en claro que son y muchos menos si su aplicación es viable en nuestro emprendimiento -preguntó Frank, mientras Samuel miraba a ambos con los ojos bien abiertos sin entender demasiado del tema.
- No se preocupen chicos, yo mismo me podre encargar de implementar todo esto en una página web de las tazas, mientras tanto me gustaría que lean algo que les prepare a ambos. Era un informe sobre los «Procesadores de Pagos y Exchangers» y otro sobre «Tiendas Online»

Brian les pidió una semana para poder implementar dicha propuesta. Mientras tanto Samuel y Frank iban a leer los informes para estar al tanto de los cambios y en el caso de tener alguna objeción sobre cada implementación que Brian haga sobre el sitio web, poder discutirla con conocimientos del tema.

Sin hacer ningún análisis estadístico ni de mercado, los jóvenes estimaron que las ventas podrían incrementarse alrededor de un 30 %, gracias a estas medidas adoptadas, ya que además de llegar a más gente el producto, también incrementaría las posibilidades de compra de los usuarios de internet. Por ejemplo alguien que ha estado minando Bitcoins podría comprar tazas Hot-Cold.

Los 3 jóvenes estaban convencido que había que apostar a esta clase de clientes potenciales, que han creado dinero de la nada y podrían tener más facilidades de gastar su dinero que alguien que lo haya ganado fruto de su trabajo.

Pasado algunos días, Frank y Samuel habían leído los informes y tal como lo había prometido Brian en unos pocos días ya había implementado su propuesta en una página web, como lo había explicado.

Mientras tanto los jóvenes seguían trabajando arduamente, Frank y Samuel tomaban los pedidos y fabricaban tazas y Brian se encargaba de la web, las solicitudes vía internet y la publicidad.

El negocio marchaba bastante bien, era rentable aunque creían que faltaba mucho por mejorar, sobre todo sabían que debían ingresar al mercado minorista, y convencer a la gente de que su producto era el mejor, inclusive si no lo fuera, querían que la gente piense que sí lo era.

Pero antes de afrontar ese reto tenían que solucionar algo mucho más básico y elemental «la regulación de la sociedad».

Los jóvenes habían constituido una sociedad que se basaba en la confianza mutua que existía entre ellos mismos, pero no estaba inscripta legalmente en ningún organismo de contralor y por tal motivo no podían emitir facturas, lo que les estaba ocasionando la pérdida de clientes actuales y potenciales. Pero lo que era peor aún, que el fisco los podría empezar a molestar, pudiendo repercutir en multas, sanciones y en el peor de los casos en la clausura del negocio.

Teniendo en cuenta tal situación los jóvenes fueron en busca de un contador. Su perfil debía ser el de una persona flexible y abierta a todo tipo de situaciones, ya que el emprendimiento de las tazas era solo la punta del iceberg del negocio al cual apuntaban los jóvenes. Además necesitaban un guía para los temas económicos y financieros, para concretar la batería de ideas que ellos mismos desarrollarían día a día.

Como no podía ser de otra manera la búsqueda comenzó vía internet. Brian fue quien se encargó de la búsqueda del contador, en un diario electrónico. Debía elegir entre varios profesionales que ofrecían sus servicios, pero le llamo la atención un anuncio que decía: «Mantenga sus cuentas claras, evite problemas con el fisco. Nuestro objetivo es hacer crecer su negocio»

Brian llamo a su estudio y le reservo una entrevista a su secretaria para el día siguiente, la cual irían los 3 jóvenes.

Su nombre era Richard, era un contador joven de unos 30 años que estaba al tanto de las últimas innovaciones tecnológicas que se aplican en los negocios y que eran de gran utilidad para los inversores.

Al entrar al despacho del contador, luego de un saludo cordial, el contador les pregunto en qué los podía ayudar.

- Tenemos un emprendimiento en el cual fabricamos y vendemos tazas. Quisiéramos formalizar la sociedad entre nosotros tres -le respondió Frank.
- Necesito saber con qué capital cuentan para empezar, donde las fabrican y donde se encuentran las oficinas de administración -dijo el contador.
- Las fabricamos en mi casa de forma artesanal, las ventas y la publicidad se encarga Brian vía internet desde su casa. En cuanto al capital que disponemos ronda los $100.000. El nombre de las tazas es Hot-Cold.
- ¡Esa que está ahí! -dijo Samuel riéndose, señalando la taza que estaba en el escritorio del contador.

Richard se quedó sorprendido, porque admiraba mucho a las tazas Hot-Cold, tanto por su estética como por su funcionalidad.

- Nunca pensé que esta taza fuera hecha en una casa de forma artesanal y mucho menos que sus fabricantes vendrían a mi despacho. Antes que nada quisiera felicitarlos a los tres.
- ¡Muchas gracias! -dijo Frank con una sonrisa en su rostro sintiéndose halagado.
- ¿Han registrado los derechos de esta taza? -pregunto el contador.
- No, no entiendo cómo se nos pasó algo tan simple como eso -dijo Frank mientras miraba a sus amigos.
- En primer lugar les aconsejaría que vayan a registrar los derechos y luego podrían tercerizar su fabricación, es decir que otra empresa haga el producto, mientras ustedes le podrían dedicar más tiempo y energía al marketing y las ventas. Luego pueden venir con toda la documentación que les solicitare para empezar los trámites para la creación de la sociedad -dijo el contador.

- Quiero que registremos los derechos a nombre de la sociedad -dijo Frank sin titubear.
- Pero tú fuiste quien invento las tazas, deberías registrarlo a tu nombre -respondió Samuel.
- Yo no pudiera llevar a cabo este negocio sin ustedes, estas tazas quedarían en mi habitación si no fuere por su colaboración, por eso quiero que los 3 seamos socios por partes iguales de la sociedad, inclusive de los derechos -dijo Frank con un tono de voz firme.

Brian y Samuel se miraron sin decir nada, con un gesto de agradecimiento hacia Frank.

- Si nadie quiere registrar las tazas la podemos registrar a mi nombre -dijo el contador bromeando.
- De acuerdo, no perdamos el tiempo….los derechos irán a nombre de la sociedad -reitero Frank.
- Muy bien, si quieren empezar los trámites ahora, deben cumplir con los siguientes requisitos -dijo el contador, mientras les entrego un formulario con toda la documentación necesaria para inscribir formalmente la sociedad.

El primer requisito era el nombre de fantasía de la sociedad, el cual Frank sugirió llamarlo F.S.B (las iniciales de sus nombres). Tanto Brian como Samuel estuvieron de acuerdo rápidamente.

- Una cosa más, tengo un contacto que podría fabricar sus tazas, es de confianza, les garantizo discrecionalidad absoluta, pero podríamos negociar sobre la comisión que pagaran una vez inscripta la sociedad y registrado los derechos que tardaran entre 30 y 45 días. Mientras tanto pueden ir trabajando de la manera en que lo vienen haciendo hasta finalizar los trámites -dijo el contador.

Al finalizar la reunión el contador le dio una tarjeta de contacto a cada uno de ellos, para que se comuniquen con él ante cualquier duda. Esta tarjeta tenía más formas de contactarse de lo habitual. Tenía dos teléfonos, un mail, un sitio web y un contacto en redes sociales para evacuar cualquier tipo de inquietudes que sus clientes tengan.

Mientras los jóvenes se despedían del contador, Brian miraba su tarjeta y encontró otra manera de hacer marketing para las tazas.

Minutos más tarde, cuando salieron del despacho de Richard, Brian se decía a si mismo en voz baja «Las redes sociales» Frank y Samuel lo miraban como si estuviera loco, porque parecía que estaba hablando solo.

- Muchachos ya encontré la manera de conocer la gente en el mercado minorista... a través de las redes sociales podemos acceder a persona por persona -dijo Brian muy entusiasmado.
- ¿Cuál es la idea exactamente? -preguntó Frank.
- Lo importante no es lo que compran, sino lo que ellos creen que compran -dijo Brian.
- Sigo sin entender, puedes ir al grano -dijo Samuel que seguía sin entender a donde apuntaba Brian.
- En principio es publicitar en las redes sociales de manera convencional y paralela -respondió Brian.
- ¿A qué te refieres exactamente? -preguntó Frank.
- De una manera convencional es una publicidad, como cualquier otra publicidad, nombrando las cualidades del producto. Los clientes potenciales sabrán que es una publicidad. De forma paralela me refiero a que nos podríamos hacer pasar por clientes que compramos tazas que hacen uso de ellas, pero sin que otras personas se enteren que somos nosotros, obviamente. Después de todo no es muy diferente a aquella forma en que los hicimos la primera vez. Además no estamos dañando a nadie y tampoco es algo ilegal -explico Brian, argumentando su estrategia.
- ¿Te refieres a crear cuentas falsas en las redes sociales? -pregunto Frank
- Algo así, pero te reitero no estamos haciendo nada ilegal. Igualmente te prepare un informe para que entiendas todos los beneficios y ventajas que podemos conseguir -respondió Brian.
- Ok, no hay remedio -dijo Frank aceptando la estrategia y teniendo en cuenta la situación.

- Mientras preparo el informe y terminamos con los trámites para la inscripción de la sociedad les sugiero que cada uno creemos 100 cuentas en las redes sociales, pero que las empecemos a utilizar una vez terminadas las formalidades de la sociedad -sugirió Brian a sus amigos.

Si bien los 3 jóvenes no estaban incumpliendo ninguna normativa legal, la forma en la cual iban a captar clientes carecía de ética y moral, independientemente que tales estrategias nunca fueran reveladas a los ojos de terceras personas.

Durante el periodo de inscripción de F.S.B, los 3 jóvenes trabajaban sobre el tema de las redes sociales, pero de forma prudente en cuanto a la creación de las cuentas tal como lo sugirió Brian.

Crearon cientos de cuentas y cientos de contactos enlazados unos de los otros, para que las publicaciones parezcan reales, coherentes y puedan llegar al público de una manera natural.

Brian había creado un sistema, el cual tenía información que clasificaba a cada usuario, de acuerdo a sus necesidades o gustos, ya que en el futuro no se tendrían que ocupar de la fabricación de las tazas, sino del marketing y las ventas. Ese sistema les permitiría alcanzar una excelente administración, facilitando todos los procesos de ventas, empezando por el tipo de publicidad que se podía hacer para que estas personas soliciten las tazas Hot-Cold. En ese momento Frank se dio cuenta que estaba trabajando alado de un genio y su objetivo era seguir desarrollando su capacidad, poniéndolo en el lugar indicado en F.S.B.

Transcurrido 2 meses, el contador los llamo para reunirse en su despacho. Los jóvenes fueron ansiosos en busca de todos los papeles que ameritaban la formalidad de la sociedad. Richard les informo que ya había finalizado todos los trámites de la sociedad y los derechos de las tazas ya estaban inscriptos a nombre de la misma. Además el contador les sugirió lo mismo que a todos sus clientes: una visita periódica para llevar la contabilidad y los impuestos de la forma más ordenada posible, que le avisen ante cualquier ingreso o egreso extraordinario y movimientos de fondos de grandes magnitudes. También les dio la dirección de un empresario, el cual podía fabricar sus tazas, tal como lo había prometido el primer día.

Paso a paso iban derrumbando todos los obstáculos que se les cruzaban por el camino, solamente les faltaban terminar una gran etapa. Había que negociar con el empresario el costo de comisión de la fabricación de las tazas, y Samuel era el hombre adecuado para llevar a cabo esa negociación.

Al día siguiente se dieron cuenta que estaban muy atrasados con los pedidos, por eso Frank y Brian se quedaron fabricando tazas y enviando pedidos, mientras que Samuel iba a la fábrica para negociar con el empresario, recomendado por Richard.

Samuel fue vestido con traje y corbata llevando un portafolio con la muestra de la taza, una ficha con sus características y los canales de ventas que utilizaban actualmente para su distribución.

A Samuel le bastaba un instante para tener una idea clara de la clase de persona que tenía en frente, conocía perfectamente el lenguaje no verbal de las personas, entendiendo que muchas veces las palabras no nos dicen la verdad, pero rara vez el cuerpo se equivoca cuando sus movimientos y gestos son producto de impulsos biológicos. Por tal razón prestaba mucha atención al tono de voz de las personas, la firmeza de la mirada, el movimiento de sus manos, la postura del cuerpo, entre otras cosas. Además entendía perfectamente la relación que existía entre las personas, su vestimenta y el ambiente que los rodea.

No se trataba de prejuzgar a quien tenía en frente, sino de recolectar datos para aproximarse lo mejor posible a la realidad, y en este caso en particular poder obtener una baja comisión por la fabricación de las tazas.

Samuel entro a la fábrica que ocupaba una manzana. Allí entraban y salían camiones constantemente y había decenas de personas trabajando en el lugar.
Al llegar al lugar lo atendió una recepcionista de la empresa muy amablemente y lo hizo esperar unos pocos minutos hasta que el empresario terminó con una reunión.

- Siga hasta el fondo, a la derecha puede subir por el ascensor, en el cuarto piso es la oficina de Max -dijo la señorita de la recepción.
- Muchas gracias -dijo Samuel mientras se dirigía a la oficina del empresario Max.

Samuel golpeo la puerta de la oficina y el empresario lo hizo pasar. Max era un hombre corpulento, calvo de unos 50 años, vestido informalmente.

Samuel ingreso con una postura firme y en el ínterin en el que cerraba la puerta, le pego un vistazo al lugar el cual parecía bastante simple, teniendo en cuenta el enorme tamaño de la fábrica y no había nada que le llame mucho la atención.

- ¿Qué tal amigo tu eres de F.S.B? -pregunto Max con una gran sonrisa en su rostro.
- Si, así es mucho gusto, mi nombre es Samuel y soy uno de los 3 socios de F.S.B -dijo Samuel mientras extendía su mano para saludar a Max.
- Toma asiento Sam. Me comento Richard acerca de su emprendimiento y de su talento, en verdad me motivó mucho que voy a tener la posibilidad de fabricar estas tazas, siempre y cuando lleguemos a un acuerdo coherente y que ambos salgamos beneficiados -dijo Max.
- Estoy seguro que vamos a llegar a un gran acuerdo. No solo por la confianza y la aceptación que han tenido las tazas Hot-Cold, sino también porque mis socios y yo creemos que si contamos con la infraestructura y logística adecuada las ventas aumentaran exponencialmente. Mis socios y yo tenemos el mejor programa de marketing para este producto, lo que nos hará ganar dinero tanto a mi empresa como a la suya -dijo Samuel.
- Entiendo perfectamente de lo que está hablando. Iré al grano directamente, mis costos de fabricación rondan un 20 % del precio por mayor mas otro 20 % por la utilidad neta que mi empresa recibirá, es decir un 40 % del precio que ustedes lo podrán vender al por mayor -dijo Max.

A Samuel le parecía bastante alto dicho costo y sabía que no se podía negociar con el 20% del costo de producción, pero si con el 20% de la utilidad neta que Max quería conseguir.

- Creo que usted puede ganar más dinero que ese 20% que me está ofreciendo -dijo Samuel.
- ¿Quieres pagarme más? Si tu insistes no me voy a oponer -dijo Max riéndose.
- Si usted fabrica tazas Hot-Cold y las vende por su cuenta, mi empresa puede cobrarle simplemente el 1% en conceptos de royalties, pero para ser competitivos necesitamos que baje su utilidad para fabricarnos sus tazas al 10%.
- Parece bastante razonable tú oferta, creo que acabamos de cerrar un trato. Puedes venir mañana por la tarde para cerrar el contrato. Llamaré a Richard para que se encargue de todos los trámites -dijo Max muy alegremente.
- De acuerdo, es un placer hacer negocios con usted y le prometo que ganara más dinero del que imagina -dijo Samuel con gran optimismo.

Al salir de la fábrica de Max, Samuel se dirigió a la casa de Frank para contarle como le había ido. Allí se encontraba Frank con Brian preparando pedidos.

- Señores creo que tengo buenas noticias. dijo Samuel alegremente.
- Cuéntanos... ¿cómo te fue? -pregunto Brian.

Acordamos por el 30 % del valor del producto en el mercado mayorista, además Max fabricara tazas y las venderán por su cuenta, abonándonos el 1 % de royalties. Mañana mismo firmaremos el contrato que nos garantice la fabricación de las tazas, así que podremos empezar a vender sin límites, utilizando todo el aparato publicitario que hemos venido preparando hasta ahora -dijo Samuel con mucho entusiasmo.

Frank y Brian estaban muy conformes con los resultados obtenidos y lo felicitaron a Samuel por la negociación que había llevado a cabo.

- ¿Fue sencillo persuadir a Max? -pregunto Frank.

- Sinceramente creo que ya se sentía muy atraído por nuestras tazas, además hay que agradecerle a Richard que le hablo muy bien de nosotros, el resto fueron solo detalles -dijo Samuel y les mostro a sus amigos lo que llevaba en el maletín que era una fotocopia con algunos aspectos a tener en cuenta a la hora de negociar.

Al día siguiente fue la reunión en el despacho de Richard para firmar el contrato.

Todo salió tal cual lo pactado. No había ninguna objeción relevante de ninguna de las partes. Ya era hora de poder trabajar sin límites. Ahora que no se dedicaban a la fabricación, podrían enfocar todas sus energías en las ventas y la publicidad.

La primera semana F.S.B compró una camioneta con el dinero ahorrado hasta el momento con el objetivo de utilizarla para reparto.

Mientras tanto con la publicidad de las redes sociales, las ventas se habían incrementado considerablemente, pero esta vez las ganancias provenían de dos partes: de las ventas propias y de las ventas de Max que aportaba el 1 % en concepto de royalties.

Parecía todo marchar muy bien y a pesar de ganar sumas de dinero importantes los jóvenes querían seguir progresando. Asique decidieron delegar algo de trabajo para dedicar más tiempo a cuestiones estratégicas.

Esta situación los llevo a tener que buscar una persona para que maneje la camioneta y se dedique al reparto. El encargado de la búsqueda fue Brian quien publicó un aviso en internet para conseguir chofer.

El resultado fue que al día siguiente se presentaron cinco candidatos. De todos estos, los logro convencer un sujeto llamado Charles, quien aparentaba ser una persona tímida, trabajadora, de unos 20 años. Argumentando que trabajaría de cualquier cosa si fuere necesario, además decía necesitar el trabajo por tener problemas económicos en su casa.

Las primeras semanas Frank o Samuel lo acompañaban a Charles en el reparto, luego cuando empezaron a confiar en él, ya teniendo en claro todo el recorrido y el trabajo a realizar, Charles se encargaba de todo el trabajo.

Para los socios siempre era momento de seguir innovando, pero la innovación no necesariamente era sinónimo de éxito, y fue Brian quien tuvo una nueva idea, la cual Richard y Samuel no estarían del todo conformes.

Brian creía conocer un sistema publicitario muy eficiente, los llamados sitios web PTC, que era otra forma informal de hacer publicidad, pero sus sesgos sobre la informática lo incentivaron a querer aplicarlo en las tazas Hot-Cold.

Si bien Frank y Samuel no estaban de acuerdo, ambos tenían en cuenta que Brian había hecho mucho por F.S.B, asique le dieron luz verde para que pueda implementar los sitios web PTC con las tazas Hot-Cold.

Como era de costumbre Brian Les preparó un informe a Frank y Samuel antes de ponerlo en práctica.

Lamentablemente la aplicación de este sistema les costó bastante caro a F.S.B. En esta ocasión la implementación de este método fue desordenado y poco serio, y si bien las ventas no cayeron de manera considerable, su imagen empezaba a perder prestigio, inclusive Max estaba involucrado, ya que el comercializaba por su cuenta las tazas Hot-Cold. Además mucha gente se había dado cuenta de la forma fraudulenta en la que hacían publicidad y por tal motivo fueron perdiendo interés poco a poco algunos potenciales clientes.

Al enterarse Max de tal situación, estuvo a punto de romper contrato con F.S.B, pero Richard le pidió que no lo haga, argumentando que era un problema de menor importancia. Max entendía que está mal jugada desprestigiaba a su empresa y a sus restantes productos que él vendía. Pero Richard insistió en que el mismo iba a hablar con los socios de F.S.B para encontrar una salida a esta situación.

Gracias a la gran confianza que Max tenía sobre Richard lo logro convencer.

Inmediatamente Richard los llamo a los jóvenes y les pidió que se reúnan de forma urgente en su despacho. En la reunión Richard les comentó cual era la situación, diciéndoles que Max iba a romper contrato, sino remediaban inmediatamente la situación.

Brian se sintió invadido por la culpa y no tenía palabras para argumentar su error. Todo el trabajo que les había costado a los jóvenes para llevar adelante el emprendimiento, se veía plasmado de nubes negras que opacaban el futuro de F.S.B.

- Lo siento muchachos no sé qué puedo hacer para remediarlo, pensé que esta forma de publicitar haría subir las ventas, no tuve en cuenta la mala imagen que nos iba a ocasionar a nosotros y a Max -dijo Brian muy angustiado.
- Sinceramente no entiendo como alguien tan inteligente como tu haya cometido esta clase de error -dijo Frank muy enojado.
- Muchachos no es momento de discutir, ni establecer quien es el culpable, solamente quiero una solución para resolver este problema, de lo contrario Max se desvinculara de F.S.B y creo que son conscientes de las consecuencias que esto implicaría -les respondió el Contador.
- Si fue la publicidad quien nos hizo daño, tal vez más publicidad podría ser el antídoto -dijo Samuel.
- ¡Estás loco! no solo Max rompería con nosotros, sino que también F.S.B dejaría de vender la cantidad de tazas que vende actualmente -dijo Frank con un tono de voz elevado.
- Me refiero a publicidad genuina como hacen todas las empresas, después de todo no hemos gastado mucho dinero en esta clase de publicidad y valdrá la pena hacerlo de forma profesional -Dijo Samuel.
- Confío en ustedes muchachos, sé que harán bien las cosas, volveré a hablar con Max para que no rompan vínculo, pero deben hacer todo lo posible y lo imposible para mejorar su imagen -dijo Richard.
- Muchas gracias Richard. Hoy mismo nos pondremos a trabajar en ello -le respondió Frank algo angustiado.

Al salir del despacho los 3 jóvenes fueron a la casa de Frank para intentar encontrar una solución y Brian sintió que debía remediar el problema por su propia cuenta, ya que él sentía que era el único culpable y por lo tanto debía ser él mismo el encargado de salir de este agujero.

- Muchacho pueden ir a descansar, yo mismo iré a encontrar una solución, pueden quedarse tranquilos, no intentare nada sin su permiso -dijo Brian.
- Somos un equipo, podemos remediar el error entre todos, no hace falta que lo hagas tu solo -dijo Samuel.
- Me quedare investigando toda la noche para saber cuáles serán los mejores métodos para publicitar y limpiar la imagen de F.S.B y mañana colaboraremos entre todos para ver cómo podemos implementar la solución a este problema -dijo Brian.
- De acuerdo, pero no te sientas culpable, fue solo un error. dijo Frank.

Brian volvió a su casa para seguir trabajando y remediar el error, debía encontrar una manera de hacer publicidad que permita mejorar la imagen de F.S.B, pero esta publicidad debía adaptarse a su presupuesto, que por cierto no era tan abultado. Durante esa noche Brian se quedó sin dormir, trabajando duro y preparando un informe con algunas sugerencias el cual le envió a Frank y Samuel para ver cuál sería la mejor forma de aplicarlo.

La tarde siguiente los jóvenes se reunieron para intentar encontrar la mejor forma de implementar la publicidad y por unanimidad estuvieron de acuerdo en que esta publicidad debía ser agresiva, pero prudente, no más cuentas falsas en las redes sociales, no más sitios PTC. El producto (las tazas Hot-Cold) y F.S.B debían resurgir, ya que si querían implementar un nuevo producto, la sociedad debía tener una buena imagen.

El dinero de la campaña publicitaria surgiría de los Bitcoins acumulados hasta el momento. La empresa había obtenido Bitcoins durante mucho tiempo y se habían revaluado considerablemente. La manera en que publicitaria seria en radio, internet y carteles.

Fue una gran cantidad de dinero lo que desembolsaron para la campaña y luego de algunos meses se empezó a revertir la situación, parecía que los clientes se habían olvidado por completo de lo ocurrido o tal vez no le interesaba tanto como en realidad pensaban los tres jóvenes y Max.

Por otra parte el hecho de haber logrado ganancias extraordinarias gracias a los Bitcoins, les abrió la mente para ingresar en los mercados financieros.

Los 3 jóvenes sentían que las tazas Hot-Cold habían llegado a su límite y su mercado era relativamente chico, comparado con sus ambiciones, por eso tenían muy en claro que debían crecer y si no lo lograban de una forma productiva lo harían financieramente.

Era necesario convocar una asamblea para reorganizar los objetivos y estrategias de F.S.B, pero esta vez lo realizarían con su contador Richard, para aceptar todo tipo de sugerencias que quiera aportar.

Los tres puntos a tratar eran los siguientes:

1. Políticas a seguir en cuanto a distribución de las tazas y campaña publicitaria.
2. Como acceder y operar con éxito en los mercados financieros.
3. Innovación de productos o servicios que F.S.B pueda vender o prestar respectivamente.

El primero en hablar fue el presidente (Frank) y dijo lo siguiente:

«Las ventas se encuentran estables después de haber implementado la campaña publicitaria, tanto los ingresos provenientes de nuestras ventas como los obtenidos por las ventas de Max parecen haber llegado a su límite y no tenemos infraestructura para ir en busca de otros mercados, tal vez este no sea el mejor momento para arriesgar recursos, ni para ir en busca de otros mercados y tampoco para incrementar los gastos de campaña publicitaria. En otras palabras creo que deberíamos dejar todo tal cual lo estamos haciendo en lo referido a este tema en particular».

Parecía tener bastante lógica lo que planteaba Frank. Asique Brian y Samuel lo acompañaron con su decisión.

- En segundo lugar nos gustaría ingresar en los mercados financieros, sabemos que existen grandes posibilidades de ganar dinero ahí, pero también deben existir riesgos. Nos gustaría que nos hables algo al respecto -le dijo Frank a Richard.
- Les comentare algo al respecto, pero deben tener en cuenta que es un ambiente bastante complejo y siempre deberán estar al día con las noticias económicas y diferente información que puedan recolectar de empresas o países, ya que les permitirán analizar cada activo en particular con mayor profundidad.
  En primer lugar deben saber que los mercados más importantes y con bajo costo de entrada son el mercado Bursátil y el mercado FOREX. En el mercado Bursátil se reúnen oferentes y demandantes de valores negociables, su objetivo es poder financiar empresas y Estados a través de emisión de diferentes clases de valores, lo cuales son adquiridos por inversores y empresas.
  En cuanto a los instrumentos que se negocian allí, podemos decir que existen instrumentos de renta fija e instrumentos de renta variable.
  Los instrumentos de renta fija son emisiones de títulos de deuda que realizan los Estados y las empresas, con un plazo de vencimiento y un interés acordado el cual será acordado de la forma prevista en el bono o papel. El término de renta fija hace referencia a que el plazo de vencimiento se encuentra fijado en el bono y no a la tasa de interés que puede ser fija o variable.
  Los instrumentos de renta variables básicamente son las acciones que forman parte del capital de una compañía.
  Su término «variable» se debe a las variaciones que sufren en el precio y el tipo de beneficio que se puede obtener con los dividendos que distribuyen las empresas.

Richard bebió un vaso de agua y luego comenzó a explicar brevemente el funcionamiento del mercado FOREX sin que nadie lo interrumpiera.

- El mercado FOREX, también conocido como el mercado de divisas es el mercado, más grande del mundo superando ampliamente al mercado bursátil.

Lo que se negocia aquí es dinero (los activos más líquidos por excelencia), la compra/venta de diferentes monedas de forma simultánea, que generalmente se realizan a través de un bróker o un Banco. Estas monedas siempre se comercializan en pares.

En general una moneda se aprecia o deprecia por la situación económica de su país de emisión.

En el mercado FOREX no existe un lugar físico en cual se realicen todas sus transacciones, como en la Bolsa de valores, sino que se efectúan de forma descentralizada.

A su vez cada inversor puede operar en FOREX mediante un bróker vía online, casi en cualquier país del mundo.

Las divisas más importantes y más utilizadas son aquellas cuyas economías son potencias a nivel mundial.

Algunas de las ventajas que posee este mercado son las siguientes:

No tiene comisiones. Los Brókers al igual que los Bancos se benefician a través de la diferencia entre la compra y la venta de un par de divisas llamado «Spread»

El mercado opera las 24 horas. Esto permite a los inversionistas realizar a cualquier hora del día y en cualquier país del mundo operaciones, simplemente con una computadora con acceso a internet.

Es un mercado imposible de manipular. Los volúmenes de divisas que opera el mercado FOREX son tan grandes que ningún individuo, empresa, Banco o gobierno puede manipular su precio en el largo plazo.

Su liquidez. Al realizar operaciones entre monedas significa que siempre vamos a estar en presencia de activos líquidos por excelencia y no debemos esperar a transformarlos en dinero como sucede en otros mercados.

El objetivo principal de los inversores de FOREX es similar al de los inversores de la Bolsa de Valores, el cual compran una determinada acción con el objetivo que en el futuro aumente su valor, pero en el FOREX compramos una moneda con el objetivo que esta se aprecie en relación a la moneda que vendimos.

Al terminar esta breve explicación sobre el mercado de divisas y el mercado bursátil, Richard les aconseja 3 cosas puntuales a los jóvenes:

- Que analicen cada mercado y cada activo en particular antes de invertir en ello.
- Nunca confíen en intermediarios, agentes de bolsa, ni banqueros para que manejen su dinero. El objetivo de ellos es diferentes que el de los inversores.
- Nunca inviertan en un activo o un mercado si realmente no saben cómo funciona.

Después de escucharlo unos minutos atentamente a Richard, los jóvenes tenían una pequeña idea de lo que eran los mercados financieros y debían investigar y estudiar día a día si querían tener éxito allí.

En lo referente al tercer punto de la asamblea «Innovación de producto o servicio que F.S.B pueda vender o prestar» nadie tenía nada preparado con exactitud sobre el tema y para no terminar la asamblea en ese momento Frank dijo:

- Cualquier idea que se les venga a la cabeza será bienvenida, por más absurda que parezca, tal vez podamos discutirla o modificarla y adaptarla de ser necesario.

Debido a que nadie dijo nada concreto, Richard les sugirió que inviertan e investiguen sobre temas que les apasionen como en la informática y la tecnología en el caso de Brian, de esa manera trabajaran con mayor energía y pasión y verán que los resultados vendrán por si solos.

- Yo estuve pensando en algo -dijo Brian.
- Adelante, te escuchamos -dijo Frank, levantando sus cejas algo sorprendido.

- Teniendo en cuenta que el mercado electrónico es cada vez más dinámico y cada vez mucha más gente acude a él para resolver problemas, podríamos ser un nexo entre quienes tengas un problema y las personas dispuestas a ayudar a resolverlo. Tengo un informe preparado sobre el tema, si quieren puedo enviárselos para que entiendan con claridad de que estoy hablando -dijo Brian.
- De acuerdo. ¿Pero porque no lo trajiste aquí para tratarlo en la asamblea? -pregunto Samuel.
- No quería volver a cometer el error que cometí utilizando las webs PTC, quería enviarles el informe lo más completo posible y en el caso de que no estén de acuerdo pueden rechazarlo sin ningún problema, no me enfadare -dijo Brian.
- De acuerdo Brian, pero recuerda que además de ser socios, somos amigos y un equipo, puedes confiar en nosotros y equivocarte todas las veces que sea necesario, estaremos juntos para superar los errores y las dificultades -le respondió Samuel mirando a Frank de reojo.
- Por supuesto, somos socios y amigos, tanto en los fracasos como en las victorias -dijo Frank sonriente extendiendo el pulgar.
- Muchas gracias. Para mí es un orgullo ser socios y amigos de ustedes -respondió Brian.

Al terminar la asamblea los chicos les agradecieron a Richard, tanto el asesoramiento que les había brindado sobre los mercados financieros como los consejos que les había dado, ya que esto significaría un paso más para crecer como empresarios e ir conociendo poco a poco el funcionamiento del mundo de los negocios.

Al día siguiente Brian les envió el informe a Frank y Samuel que se titulaba «Servicios de FreeLancer y el Negocio de Multinivel»

A la mañana siguiente los jóvenes se encontraron para trabajar y lamentablemente no pudieron encontrar una manera de poder implementar «Servicios de FreeLancer y el Negocio de Multinivel»

Frank y Samuel creyeron que no era el momento y Brian no insistió sobre el tema. Pero se pusieron de acuerdo en que iban a enfocar sus energías en los mercados financieros.

III. LOS EMPRENDEDORES Y LOS MERCADOS FINANCIEROS

Si bien el negocio de las tazas se mantenía estable, esta vez decidieron que gran parte de las ganancias iban a colocarse en inversiones, y su primer paso era estudiar a cada una de ellas minuciosamente, en un mundo totalmente nuevo para ellos. Asique decidieron colocar su dinero destinado a inversiones en la bolsa y otra parte comprando divisas en el mercado FOREX.

A pesar de que le dedicaban bastante tiempo de estudio y análisis a estas inversiones, no conseguían obtener buenos resultados. Prácticamente no ganaban dinero, pero tampoco perdían. Tal vez era una buena noticia terminar igualados, teniendo en cuenta que aún eran unos novatos. Pero sus deseos de seguir progresando les hicieron saber que debían tomar un curso de finanzas para intentar entender porque no obtenían los resultados que esperaban en sus inversiones.

Durante el curso que duró dos años aproximadamente los jóvenes siguieron trabajando duro en F.S.B, aunque habían pactado no volver a invertir grandes sumas de dinero hasta no terminar el curso y tener los conocimientos claros de los beneficios potenciales y riesgos de cada inversión.

Mientras tanto F.S.B fue creciendo paulatinamente. Al terminar el curso ya poseían 2 camionetas de repartos y un inmueble en el cual tenían el depósito de las tazas y la oficina de administración.

Después de haber tenido la experiencia de invertir durante ese periodo, los jóvenes decidieron empezar a invertir el 20 % de las utilidades de F.S.B en el mercado financiero, y a estas alturas sabían que era necesario diversificar los tipos de activos para minimizar el riesgo.

Su primera decisión fue invertir en diferentes clases de divisas. Brian había hecho un listado de los Brókers más prestigiosos y confiables, para colocar su dinero allí.

Para escoger cada par de divisas tuvieron en cuenta el análisis fundamental y el análisis técnico de cada una de ellas.

Esta vez las inversiones parecían estar hechas de una forma bastante profesional y a medida que pasaba el tiempo, las fluctuaciones de los precios se encontraban en parámetros normales en relación con sus estimaciones. El riesgo se encontraba bastante controlado y cada operación era analizada previamente por cualquiera de los 3 jóvenes y luego aprobada en consenso.

Mientras más veces ponían en práctica sus conocimientos, mayor era la confianza que se tenían y cada vez mejores resultados iban obteniendo. Gracias a esta confianza y seguridad que les generaba el mercado FOREX, decidieron ir busca de otros horizontes e invertir en la bolsa de valores.

El objetivo de los jóvenes era comprar acciones de empresas de similar naturaleza y del mismo rubro que F.S.B. Principalmente porque ya entendían ciertos aspectos técnicos y estratégicos del negocio de fabricación o comercialización de tazas y productos similares. Además en el caso de poder adquirir un paquete importante de acciones de estas empresas, les permitiría negociar nuevos contratos en el futuro y así ampliar su mercado.

Lo primero que hicieron fue ir en busca de un agente de bolsa, así que llamaron a Richard para preguntarle si conocía a alguno de su confianza. Richard les dio la dirección de uno de sus clientes que era agente de Bolsa, su nombre era Axl, quien además era un gran asesor financiero.

Así que los 3 jóvenes fueron a conocerlo personalmente a este gurú, experto en temas bursátiles. Pero además de eso Axl parecía un gran vendedor, ya que en la pequeña charla que tuvieron les comento el grandiosos momento que estaban pasando los mercados financieros para obtener gran rentabilidad, les promociono diferentes productos que podían negociar, como acciones, bonos, ETF, fondos de inversión, etc.

Además logro convencerlos de invertir en 3 empresas del rubro que los jóvenes estaban interesados y en bonos, argumentándoles que eran de bajo riesgo.

Sin darse cuenta exactamente porque motivo, los jóvenes depositaron su confianza en Axl y comenzaron a seguir sus consejos a rajatabla.

Al pasar el tiempo los jóvenes empezaban a ver mejores resultados en los activos en que invertían, siempre con un análisis previo de los 3 socios, además de pedirle sugerencias a Axl que parecía tener la bola de cristal o tal vez información privilegiada que le ayudaba a los jóvenes a tomar decisiones.

Estos resultados los motivaban para involucrase más en activos financieros y no innovar en F.S.B, ni en un nuevo producto, ni en infraestructura, ni logística.

Prácticamente Charles se encargaba de manejar la empresa, mientras los jóvenes estaban atentos a las nuevas oportunidades de inversiones que les aconsejaba Axl. Para este agente bursátil era fácil convencerlos de invertir en los activos que él consideraba adecuado, gracias a la confianza que se había ganado, debido a los buenos resultados obtenidos. Su próxima sugerencia era que inviertan en fondos de inversión que estaban obteniendo grandes resultados y su manejo era llevado a cabo por profesionales muy calificados en la materia, además de mencionarles sobre la diversidad de activos que se encuentran en cada uno de ellos.

Axl les envió un informe escrito para que entiendan mejor su funcionamiento, las ventajas y los riesgos que conlleva invertir en un fondo de inversión. A estas alturas los jóvenes se sentían eruditos de los mercados financieros.

Esto se debía en parte a sus conocimientos, en parte a los resultados obtenidos y además de la seguridad que les brindaba Axl sobre las recomendaciones de inversión. Por tal motivo los jóvenes creyeron que era momento de crear su propio Fondo de Inversión y abandonar definitivamente el negocio de las tazas.

Todo parecía muy repentino, y para llevar a cabo esta idea Frank propuso vender los activos de F.S.B y reinvertirlos en activos financieros y acciones de otras empresas, participando solamente como accionistas y no en el management, así como lo hacen las empresas inversoras.

Para realizar este intercambio de activos, los jóvenes creyeron que Max era la persona indicada para hacer negocios.

Después de varias semanas de discusiones de manera directa y con Richard de intermediario, los jóvenes llegaron a un acuerdo con Max:

F.S.B les daba todos sus activos (excepto los financieros) y los derechos de las tazas Hot-Cold a cambio de un piso en la ciudad de Nueva York en Wall-Street para que funcione F.S.B que de ahora en más funcionaria como un fondo de inversión y el 2 % de las acciones de la empresa de Max.

A los ojos de Richard el negocio fue favorable y equitativo para ambas partes, ya que cumplía con el objetivo de cada uno de ellos.

A pesar de que el patrimonio de F.S.B se había incrementado considerablemente, no tenía empelados, simplemente era manejado por los 3 jóvenes con asesoría externa de Richard y Axl.

Mientras que Frank se encargaba del análisis fundamental, Brian se encargaba del análisis técnico para proteger sus activos y encontrar nuevas oportunidades en el mercado. En cuanto a Samuel, su labor era más social. Se debía encargar de conseguir nuevos inversores, debía lograr ganar confianza y prestigio para F.S.B. Para tener mejor rendimiento en este nuevo reto decidió tomar un curso de técnicas de ventas, mientras que paralelamente hacia su trabajo.

Esta vez Samuel iba a tener un trabajo mucho más duro, debía conseguir inversores para que coloquen su dinero en el fondo de inversión F.S.B. Ya no se trataría de un producto enlatado y los potenciales
inversores debían estar dispuestos a desembolsar grandes sumas de dinero, si querían que F.S.B tenga éxito. Samuel siempre estaba abierto para escuchar a sus amigos y socios. Esta vez propuestas de ellos para captar inversores.

Frank les propuso hacer publicidades similares a las hechas con las tazas, además de mostrarles los grandiosos resultados
que venían consiguiendo los activos de F.S.B. Era un buen motivo para ganar la confianza y convencer a los potenciales inversores.

Si bien esta idea no fue descartada, Brian hizo mención a otra idea más original. Aunque nuevamente se iban a encontrar al borde de la legalidad y la moral.

F.S.B recibía un mail con un informe semanal de Axl, con el análisis de los mercados financieros y sugerencias de inversiones de diferentes instrumentos. En este mail se encontraban los correos electrónicos de los clientes de Axl.

La idea de Brian era apuntar a estos clientes, pero no alcanzaría solamente enviando un mail promocionando al fondo de inversión F.S.B, sino que querían ingresar a la base de datos de Axl para conocer a fondo cada cliente.

Su objetivo era conocer la mayor cantidad de datos posibles sobre ellos: en qué clase de activos invierten habitualmente, el dinero que disponen, la cantidad que le destinan a cada inversión, los lugares que estos sujetos frecuentan, inclusive cuál es su ocupación o profesión.

- Mientras más información podamos conseguir, mayor probabilidades de convencerlos que inviertan en F.S.B tendremos -dijo Brian.
- ¿Pero lo único que tenemos es su dirección de correo electrónico, como quieres conseguir el resto de la información? -pregunto Samuel
- Es bastante sencillo. Les enviamos un mail a Axl haciendo alguna consulta sobre algún activo y en ese mail le enviamos un virus, el cual nos permitirá ingresar a su base de datos en todo momento. Solamente debe responderlo -dijo Brian.

Frank y Samuel no parecían muy contentos con esta idea, ya que hace algunos años habían tenido una mala experiencia con las tazas Hot-Cold y su reputación había caído mucho por aquel entonces.

Pero en el caso de un fondo de inversión la confianza y el prestigio son los pilares principales para atraer y mantener inversores. Por eso decidieron no poner en práctica la idea de Brian por el momento. Entonces siguieron trabajando de la forma convencional en la que lo venían haciendo.

Los inversores llegaban, pero muy lentamente y no eran grandes cantidades de dinero que invertían en F.S.B.

A pesar de los excelentes resultados obtenidos, no habían podido lograr un gran salto en sus beneficios. Los cuales se debían a la buena gestión de los integrantes de F.S.B que trabajaban de forma incansable, más la ayuda de sus consultores externos Richard y Axl.

Tal vez también se debía a que no habían afrontado grandes riesgos aun, o tal vez no habría transcurrido el tiempo suficiente para lograr consolidarse como fondo de inversión o quizás sus ambiciones eran demasiado grandes. Lo cierto es que su juventud y ambiciones les generaban emociones que en muchas ocasiones no tenían gran afinidad con la realidad.

Después de meses utilizando esta metodología de trabajo, sin lograr un salto exponencial de su capital, Frank y Samuel decidieron hablar con Brian, preguntándoles que probabilidad existía que sean descubiertos si entraban en la base de datos de Axl.

- Casi nulas.... Tal vez este sea el momento de intentar algo diferente -respondió Brian sonriendo con una mirada que carecía de inocencia.
- Solo necesitamos estar todos de acuerdo -dijo Frank

Los jóvenes entendían que tanto los beneficios como los riesgos debían ser compartidos y aceptados por el grupo.

Al día siguiente de esta charla Brian le envió un mail a Axl preguntándole detalles sobre los ETF, como era su funcionamiento, beneficios y riesgos, etc. En realidad el mail tenía el virus para poder acceder a la base de datos de Axl.

Lamentablemente (o afortunadamente) Axl había caído en la trampa. Le respondió el mail, dejando toda su información privada a merced de los jóvenes, de ahora en más todos sus movimientos, transacciones, contraseñas y demás archivos eran vistos por los ojos de F.S.B.

Frank y Samuel se encontraban deslumbrado por toda la información que habían conseguido, era mucho más de lo esperado. Lo que les permitía conocer detalles muy importantes de los clientes de Axl.

Una vez que tuvieron toda esta información disponible en su poder pudieron iniciar su plan de «Captación de inversores».

Su primer victima iba a ser un prestigioso arquitecto interesado en invertir en fondos de inversión.

Antes de él habían analizado más de 10 perfiles, pero el arquitecto parecía cumplir con todas las características de un perfecto cliente o inversor potencial: necesidades insatisfechas y gran capacidad de compra.

Los jóvenes lo sabían por las charlas que este sujeto tenía con Axl.

El plan de los jóvenes era simular necesitar un arquitecto, ganar su confianza y una vez logrado esto, dar vueltas los papeles clientes/vendedor, convenciéndolo de que invierta en F.S.B.

La simulación comenzó de la siguiente manera:

Frank y Samuel fueron al bar donde frecuentaba el arquitecto y se sentaron en la mesa de enfrente donde tenían una charla preparada entre ellos.

- ¿Frank piensas que podemos superar los excelentes resultados del periodo anterior? -pregunto Samuel.
- Creo que vamos a lograrlo con creces. Tenemos mejores resultados que el promedio de otros fondos de inversión de Wall-Street -dijo Frank con firmeza, motivación y un tono de voz algo elevado para llamar la atención del arquitecto.
- Creo lo mismo que tú, además con el proyecto de bienes raíces podremos garantizar un mayor rendimiento para los inversores -dijo Samuel.

Justo en ese momento suena el teléfono de Frank, (quien puso su celular en alta voz). Del otro lado se encontraba Brian siguiendo el juego.

- ¿Qué tal, hablo Frank Howard Slame, el gerente de F.S.B? - pregunto Brian.
- Si él habla, ¿en que lo puedo ayudar?
- Mi agente de bolsa Axl Gold, me hablo de F.SB y de sus excelentes resultados. Yo estaría interesado en invertir algo de dinero en su fondo de inversión, pero particularmente en un proyecto inmobiliario que están desarrollando en las afueras de Nueva York.
- Le agradezco por su interés, pero el proyecto inmobiliario se encuentra en etapa de gestación y no podemos aceptar fondos de terceros hasta tanto consigamos la certificación de un arquitecto y el presupuesto establecido para calcular el rendimiento de la inversión -dijo Frank.
- Muchas gracias por su sinceridad. Por favor agenda mi teléfono y en cuanto se encuentren abiertas las puertas, llámenme, sé que son los mejores del mercado.
- De acuerdo, puede quedarse tranquilo, en cuanto tengamos habilitado el comienzo del proyecto nos comunicaremos con usted, mientras tanto puede visitar nuestro sitio web o acercarse a nuestra oficina para ver otras posibilidades de inversión muy rentables que tenemos disponible en la actualidad -dijo Frank haciendo énfasis en su tono de voz.

En ese momento el arquitecto estaba observando la conversación y cuando Frank colgó el teléfono, se acercó y dijo: «perdón que los moleste, no pude evitar escuchar la conversación, soy arquitecto y tal vez pueda ayudarlos».

- Lo siento. Solo trabajamos con gente de confianza y por recomendación -le respondió Samuel.
- No quiero ser insistente, pero tal vez yo pueda ayudarlo y ustedes a mí. Actualmente estoy buscando diferentes clases de inversiones y por lo que acabo de escuchar ustedes son muy buenos en esto - dijo el arquitecto.

- Nosotros somos 3 socios y tomamos todas nuestras decisiones por consenso, tal vez pueda acercarse a nuestra oficina para que lo conozcamos mejor en lo relativo a inversiones -le respondió Frank.
- Tal vez parezca más entrometido de lo normal, pero escuche que conocen al agente de bolsa Axl Gold ¿es así? -pregunto el arquitecto.
- Si es así -le respondieron Frank y Samuel, simulando estar sorprendidos.
- Pueden pedirle referencias a él -dijo el arquitecto mientras les entrego su tarjeta de contacto.
- Muchas gracias, lo tendremos en cuenta -dijo Samuel y se despidieron cordialmente.

Ese mismo día Brian llamo a Axl para pedir referencias sobre el arquitecto, simplemente para seguir con el simulacro, aunque la opinión de Axl era muy positiva del arquitecto.

Al día siguiente Frank lo invito al arquitecto a la oficina de F.S.B para hablar de negocios. Obviamente el arquitecto aceptó sin dudarlo.

Al ingresar al piso de F.S.B, el arquitecto golpeo la puerta de la oficina y lo hicieron esperar unos minutos. Ahí adentro se encontraba Charles (el primer empleado de F.S.B) agradeciéndole por lo exitosa que había sido su inversión y que gracias a eso había podido comprarse una casa y un auto en muy poco tiempo. Claro que Charles también formaba parte del simulacro y el objetivo era que el arquitecto escuche la conversación tras la puerta mientras esperaba ser atendido.

Finalmente Charles salió muy feliz de la oficina como un inversor muy satisfecho por los resultados obtenidos, para que luego ingrese el arquitecto.

En la oficina no se encontraba Brian, con el fin de que Frank y Samuel le dijeran al arquitecto que «el proyecto inmobiliario comenzara en 3 meses, solamente había que esperar la afirmación del otro socio y la liquidación de unos dividendos para llevarlo a cabo en ese plazo. Pero quería mantener vínculos, ya que había recibido muy buenas referencias de Axl». A lo que el arquitecto les respondió:

- Les agradezco mucho, pero no vine solamente por el proyecto inmobiliario, sino también para invertir en este fondo de inversión. Tengo entendido que están consiguiendo muy buenos resultados últimamente en los mercados financieros.

Finalmente el arquitecto había mordido el anzuelo, siendo el primer inversor de F.S.B en depositar una suma de dinero de gran importancia.

Los jóvenes habían logrado conseguir un gran cliente, pero debían encontrar la forma de decirles que ese proyecto no avanzara, aunque para esta noticia tendrían 3 meses para encontrar la escusa adecuada a la situación.

El simulacro había sido un éxito y los jóvenes irían en busca de más oportunidades, analizando perfiles como lo hicieron con el arquitecto.

Nuevamente siguieron analizando perfiles para seguir con el mismo plan. Esta vez la victima sería un empresario agricultor de diferentes clases de alimentos. La elección de este perfil fue por razones similares a la del arquitecto. Grandes cantidades de dinero disponible y necesidad de invertir en los mercados financieros. Pero esta vez el viento de cola que los venían acompañando en los precios de sus activos no sería tan favorable.

IV. LA CRISIS EN LOS MERCADOS

Brian y Frank venían recogiendo indicios sobre la situación económica y financiera de muchas regiones, empresas y Bancos, concluyendo que iban a empezar a caer bruscamente en un futuro no muy lejano. Estos indicios eran productos del análisis técnico y fundamental que ambos realizaban periódicamente, pero eran solo indicios, no podían tomar decisiones en base a ello, aunque si empezar a preocuparse y buscar más información para corroborar o refutar estas hipótesis. Por eso decidieron reunirse con Axl y Richard para intentar sacar una conclusión más clara sobre el tema.

Las conclusiones de Axl y Richard eran concordantes con la de los jóvenes de F.S.B, sabían que se estaba aproximando una crisis, pero no estaban seguro del cual sería su impacto, ni tampoco del momento exacto en el cual se desataría.

A estas alturas había que tomar medidas para proteger sus activos y dejar los planes del simulacro del agricultor para otro momento.

Axl les recomendó que en el momento que se produzca la crisis, seria favorable estar líquido, ya que los precios van a estar en el piso y había que aprovechar la oportunidad de compra de activos sub valuados.

El problema es encontrar el punto justo donde los activos caen a un nivel que no volverán a caer. Ese es el reto de todos los inversores.

Axl les recomendó que estén al tanto de ciertos contratos de cobertura, opciones y algunos commodities que en algunas ocasiones tienen efectos inversos a las crisis financieras.

F.S.B puso manos a la obra para intentar salir vivo de la crisis financiera y económica que estaría por sacudir a varios países, Bancos, mercados inmobiliarios, mercados financieros y diferentes sectores relacionados directa e indirectamente.

Cada día que pasaba parecía que la crisis estaba más cerca, pero F.S.B. ya tenía sus herramientas listas para afrontarla. Con la suma de sus recursos más los consejos de Axl estaban seguros que la crisis era oportunidad, la crisis era otra forma de ganar dinero.

Si bien no era posible conocer el valor de los activos en el futuro, con sus análisis podían prever ciertas tendencias que en su mayoría irían a la baja, la cual decidieron operar con contratos de cobertura, cuyo objetivo es obtener resultados inversos a los de los activos subyacentes.

La decisión fue más que acertada. Después de algunos meses los activos estaban por el suelo y tanto los mercados financieros como los mercados inmobiliarios se habían desplomado, pero el fondo de inversión F.S.B había quedado muy bien parado por aquel entonces.

F.S.B además de entender muy bien el mercado tenía información privilegiada, que le permitió estos excelentes resultados.

Tener acceso a la base de datos de Axl les permitió por un lado conocer los grandes movimientos de los empresarios y las sociedades de bolsa que harían fluctuar el precio hacía un determinado rumbo, por otro lado Axl tenía acceso a columnistas de grandes medio de comunicación, lo que significaba conocer las noticias antes de que sean publicadas y mejor aún, conocer cuál será la acción y reacción de los diferentes agentes del mercado.

La ambición por parte de los jóvenes de F.S.B seguía latente más que nunca, todavía no conocían realmente lo que significaba el fracaso y se sentían infalibles, por el complemento de sus habilidades sumándoles los resultados obtenidos, les generaba un sentimiento de omnipotencia.

Una vez afrontada la peor parte de la crisis, F.S.B debía continuar con sus planes de simulacro. Esta vez iban a ir por una próxima víctima «el agricultor», el inversor que había quedado pendiente antes de afrontar la crisis. El plan era presentarse en su estancia como inversores y exportadores de cereales y semillas.

La propuesta seria costear la próxima siembra y cosecha de centenas de hectáreas del agricultor. Pero esta vez la propuesta debía llevarse a cabo, ya que los análisis de inversiones de los jóvenes de F.S.B habían llegado a la conclusión de que era una buena posibilidad de ganar dinero en su doble rol, como socios del agricultor, pero también se iban a beneficiar con los fondos que él mismo iba a depositar en el fondo de inversión F.S.B.

Los jóvenes sabían que podían invertir grandes cantidades de dinero, sin tener que sacar un solo centavo de su bolsillo.

La idea era que con el dinero que el agricultor invertiría en F.S.B, los jóvenes se hagan cargo de los costos de siembra y cosecha del agricultor y en el caso de no conseguir los beneficios esperados, el argumento sería que se invirtió en activos similares a los que el agricultor producía, la cual correrían la misma suerte, pero el riesgo sería el mismo, ya que la cosecha se encontraría asegurada ante cualquier temporal o acontecimiento climático y protegido por diferentes contratos de cobertura.

Además a estas alturas los precios se encontraban por el piso y se esperaba un aumento del precio de los commodities en general al momento de la cosecha.

Antes de dirigirse a la estancia del agricultor los jóvenes le preguntaron a Axl por algún agricultor que desee sembrar y busque inversores en el corto plazo (el simulacro ya había comenzado). Axl les hablo del agricultor. Información que F.S.B ya tenía, pero además lo llamó para avisarle que iban a ir a su estancia.

Con toda la información que tenían los jóvenes de F.S.B les permitía siempre estar un paso adelante de sus clientes e inversores y las técnicas de negociación pasaban a un segundo plano.

Una vez que los jóvenes llegaron a la estancia tuvieron una charla bastante breve, el agricultor era una persona que le gustaba ir al grano, sin rodeos.

El agricultor les propuso que se harían cargo de la mitad de los costos de cosecha y siembra a cambio de un importante porcentaje de las ganancias. Los jóvenes pensaban que era una buena oferta pero el propósito era negociar en la oficina de F.S.B.

Frank le respondió – creo que es bastante atractiva su oferta pero denos un día para charlarlo con nuestro socio restante y le confirmaremos-.

Al despedirse Samuel le dio su tarjeta para que se comuniquen con ellos ante cualquier duda.

Al día siguiente Samuel llamó a una reunión al agricultor, quien accedió fácilmente. El simulacro concluyó de la misma manera que lo habían hecho con el arquitecto y con resultados similares. F.S.B había conseguido a un segundo gran inversor, sumándole a la gran fortuna que venía generando, su patrimonio había crecido considerablemente.

Después de cerrar trato con el agricultor, pasadas unas semanas, el arquitecto llamó a las oficinas de F.S.B para cerrar el acuerdo pendiente que había quedado anteriormente. Samuel lo atendió y le dio una entrevista para el día siguiente.

Los jóvenes se habían olvidado del proyecto que le habían prometido, por lo que sabían que iban a necesitar una excusa para informarle que el proyecto no se llevaría a cabo, pero a la vez debían mantener la confianza del arquitecto para que siga invirtiendo sus fondos en F.S.B.
Los tres jóvenes creyeron que era muy arriesgado perder los fondos y la confianza del arquitecto. Por otro lado la crisis había afectado a los mercados y F.S.B había salido con vida y con mucho dinero disponible, tal vez podían analizar el mercado inmobiliario y colocar parte de sus fondos en ese sector.
Lo que en aquel momento había sido una ficción solamente para conseguir los fondos del arquitecto, hoy parecía una realidad que era el hecho de concretar tal proyecto, añadiéndole a la confianza que le generaría al arquitecto este proyecto en particular y la atracción de diferentes clientes potenciales, ya que F.S.B era uno de los pocos fondos de inversión que había conseguido resultados positivos después de la crisis.

El proyecto inmobiliario consistía en comprar propiedades a un precio muy por debajo del valor de mercado.

Durante la crisis mucha gente no pudo pagar sus hipotecas y los Bancos le remataron sus casas y en otros casos estaban a punto de llegar a esa misma instancia.

F.S.B les ofrecería poco dinero más que el Banco a los propietarios, de esta manera se armaría de un paquete de activos inmobiliarios muy importantes. Además éstos serían financiados en parte por fondos propios y de terceros inversionistas y en parte por crédito bancarios, ya que al ser un fondo de inversión sólido tenían fácil acceso a los préstamos y por otra parte también se terminarían de financiar con la renta que les brindarían esas propiedades.

Básicamente el trabajo del arquitecto era ir propiedad por propiedad y verificar el estado de construcción de cada una de ellas.
El arquitecto además de aceptar el trabajo quiso aportar otra cantidad de dinero para ser parte activa de tal proyecto.

Después de un par de días de trámites para establecer concretamente cómo se iba a financiar el proyecto y qué parte iba a aportar cada uno, ya era hora de empezar a trabajar.

Brian había armado un listado de propiedades hipotecadas a punto de ser rematadas y las fechas de remates.

Mientras que Frank y el arquitecto fueron de viaje en busca de estas propiedades, Brian y Samuel se quedaron a cargo de la oficina.

El primer remate era una casa de dos ambientes. El arquitecto pudo corroborar que toda la propiedad se encontraba en excelente estado, lo cual merecía una gran oferta, pero unos minutos antes de comenzar el remate Frank salió afuera a tomar un poco de aire donde vio una pareja con su pequeño hijo llorando, eran los antiguos dueños que habían sido desalojados por no poder pagar la cuota de la hipoteca. Frank se quedó mirándolos unos minutos enceguecido por la situación. Al mirar hacia adentro de la casa veía a varios sujetos de negocios en busca de dinero fácil, gente ambiciosa aprovechando oportunidades a costa de una familia que había perdido el empleo y el sueño de ser propietarios de su hogar. Mientras que al mirar afuera veía a esa familia destruida sin recursos y sin oportunidad ante la crisis que había azotado al mercado.

Frank estaba en el medio de dos realidades absolutamente antagónicas, los pensamientos que se atravesaban por su cabeza eran totalmente contradictorios uno de los otros. Del lado de afuera podía asimilar lo duro que es la vida y las crisis para algunas personas, y por otro lado, mirando hacia adentro de la casa entendía que el dinero y los negocios son un juego de suma cero, lo que gana una parte lo pierde la otra, pero en este caso en particular era un extremo. Quien ganaba, ganaba un poco más de lo que tenía en su patrimonio, y quien perdía, lo perdía todo.

La cabeza de Frank empezaba a buscar culpables ¿Serán estas personas los culpables, los empresarios que en su afán de ganar más dinero usan recursos legales para arruinar a los más débiles? ¿Serán los Bancos que permite que la gente se endeude sin ningún tipo de garantía y seguridad? ¿Será el gobierno por no hacerse cargo de los más débiles? ¿tal vez un poco de culpa será de quien se endeuda sin los conocimientos ni recursos o herramientas necesarias para afrontar un futuro poco predecible?

Sea quien sea el culpable este sistema tal vez esté generando más pobres y más ricos. Pensaba Frank mientras miraba hacia adentro y afuera de la casa. De pronto una voz externa interrumpe sus pensamientos «por favor tomen sus asientos que el remate está a punto de comenzar» -dijo el rematador a cargo de la subasta, mientras que el arquitecto lo llamaba a Frank para que se apresure y tome asiento dentro de la casa.

Fueron unos pocos segundos que Frank se quedó afuera dudando si comprar la propiedad iba a ser lo adecuado. Pero al mirar adentro se dijo a sí mismo «si esta propiedad no la compro yo la comprará otra persona de ahí adentro», así que intentó ignorar a la familia que estaba llorando e ingresó adentro de la casa a ser partícipe de la subasta.

Frank se sentó al lado del arquitecto y éste le recalcó que se encontraba muy bien cuidada en excelente estado la propiedad, además que el vecindario era muy agradable, por eso valía la pena pelear la subasta.

Primero vio la subasta de todos los mobiliarios de la casa, que no le interesaban. Finalmente cuando llegó el momento de la subasta de la casa habían varios compradores haciendo fuerza, pero Frank se estiró un poco más y se quedó con la propiedad.

A pesar de haber pagado más de lo que había pensado, había hecho un gran negocio, ya que el precio era mucho menor que el precio de mercado. El arquitecto lo felicito, pero Frank no parecía tan feliz a pesar de conseguir lo que había venido a buscar.

Después de haber terminado la subasta y hablar con el rematador que le explicó los pasos a seguir para escriturar formalmente, Frank y el arquitecto se fueron mientras veían esa familia llorando. Esa imagen y el llanto lo iban a acompañar a Frank por el resto de su vida.

Durante varios días siguieron recorriendo subastas y haciendo buenos negocios a favor de F.S.B, pero en el inconsciente de Frank siempre estaba latente la imagen de las personas que estaban perdiendo su hogar, aunque pensaba fríamente y se quería auto convencer de que él no tenía nada que ver con la desgracia ajena de estos sujetos.

Después de un par de días, al concluir con los negocios de las subastas, Frank regresó a las oficinas de F.S.B a reunirse con Brian y Samuel, entregándoles una lista de las propiedades que había comprado y el precio que había pagado por ellas. En verdad había hecho muy buenos negocios, pero a pesar de ello no se sentía muy feliz.

A estas instancias F.S.B había crecido de una manera exponencial y lo seguiría haciendo, sus inversiones parecían no tener límites gracias al talento de su equipo y a la información privilegiada que conseguían de Axl. Pero a ellos parecía que nada les importaba con tal de seguir ganando dinero, siquiera el método utilizado, por
eso siguieron investigando la base de datos de Axl para seguir sumando inversores a sus fondos de inversión.

Esta vez el candidato era un empresario propietario de empresas mineras de oro y de plata. El dinero que disponía era superior al del arquitecto y al del agricultor juntos. Brian pudo conseguir información de este empresario en la base de datos de Axl. Además pudo infiltrarse en sus charlas y Axl le recomendaba invertir en el fondo F.S.B, ya que sus resultados eran excelentes. Además de recomendarle invertir sobre diferentes commodities.

Los chicos iban a conseguir su cliente más importante sin necesidad de hacer ningún simulacro como en los casos anteriores, solamente debían hablarle de los resultados de sus inversiones pasadas. Todo parecía demasiado perfecto. Los jóvenes decidieron no hacer nada y esperar el llamado de este empresario y así fue como sucedió.

Al día siguiente el empresario de la minería llamó a F.S.B para pedir una entrevista y ser asesorado, con el objetivo de conocer los beneficios de invertir allí.

La entrevista se concretó al otro día y el empresario parecía tener muchas ansías de invertir afirmando todas las sugerencias de los tres jóvenes. Mientras que Brian le mostraba gráficos sobre los resultados de los activos de F.S.B, Frank y Samuel argumentaban todas las potencialidades en que se encontraban los mercados financieros hoy en día.

Sin dudarlo ni un segundo el empresario hizo la transferencia bancaria a nombre de F.S.B. para comprar los activos sugeridos por ellos.

Al retirarse el empresario, los jóvenes se miraron unos a los otros y no podían creer cómo habían conseguido tanto dinero en un par de minutos, pero a pesar del exceso de felicidad que estaban viviendo, debían empezar a entender que no todo lo que reluce es oro.

Después de algunos días de trabajo, una de las peores noticias desde su su fundación llegaron a las oficinas de F.S.B. La policía ingresó por la puerta llevándolos detenidos a los tres jóvenes, éstos no entendían nada, estaban acusados de espionaje y manipulación de activos.

Axl había hecho la denuncia y solicitado el allanamiento a F.S.B, el empresario minero solo fue una trampa para corroborar la sospecha de Axl, que F.S.B lo estaba vigilando, pero eso no es todo, aquella transacción entre el empresario y F.S.B fue recuperada por Axl, ya que hizo líquido todos los activos que F.S.B tenía en su custodia y el dinero fue enviado a diferentes cuentas de Bancos de las Islas Caimán a nombre de una sociedad fantasma.

Axl parecía haber jugado mucho mejor que ellos el juego, tenía más experiencia en el mundo financiero y conocía todo tipo de estafas. Le molestó tanto que F.S.B lo esté vigilando que decidió arruinarlos, su objetivo era enviarlos a la cárcel y quitarle todo su dinero.

Los jóvenes estaban desconcertados, habían perdido gran parte de su patrimonio y se encontraban entre las rejas de un día para otro sin saber cuánto tiempo estarían allí.

En la estación de policía donde estaban detenidos les permitieron hacer una llamada, así que decidieron comunicarse con Richard para que les enviase un abogado de confianza.

En un par de horas llegó el abogado, se llamaba John, era un profesional totalmente brillante, había logrado evitar condenas de asesinos, estafadores y otra clase de delincuentes, era una persona sin sentimientos, aunque eso no le interesaba mucho a los jóvenes, solamente querían estar en libertad.

Lo primero que les dijo John a los jóvenes fue que le tenían que contar toda la verdad para poder ayudarlos e intentar encontrar la mejor coartada posible para que el juez y los fiscales le crean y así reducir al mínimo la condena.

Los jóvenes confiaron en él y le contaron todo con lujo de detalles. John dijo que dadas las circunstancias y con todas las pruebas que tenía Axl de F.S.B, más el espionaje, la situación iba a ser crítica. Pero existía una posibilidad concreta, si uno de los tres jóvenes asumiera el total de la responsabilidad sobre el espionaje, de modo tal de liberar de culpa y cargo a los otros dos.

- Quiero ser yo, yo los metí en este lío, quiero ser yo quien lo pague- dijo Frank rápidamente, sin dudarlo ni un segundo.
- Pero Frank, la idea fue mía, el trabajo lo hice yo, el error lo cometí yo, creo que si alguien debería pagar debo ser yo -dijo Brian.

Frank bajo ninguna circunstancia iba a dejar que sus amigos paguen las consecuencias, si lo podía hacer él solo. Por eso, sin dudarlo Frank le dijo a John que quería hablar con el fiscal para asumir toda la culpa del delito y así fue. Frank se declaró culpable asumiendo todos los cargos, John consiguió que el juez le dé una sentencia de dos años de prisión, mientras que Samuel y Brian salieron libres de culpa y cargo.

Si bien F.S.B había perdido mucho dinero, debido a la estafa causada por Axl todavía tenían mucho capital como para lograr que Frank se encuentre en la cárcel en un sector diferenciado.

Por otra parte, era noticia en todos los diarios que el presidente de F.S.B estaba en prisión por espionaje, lo que hizo perder la confianza de todos sus inversores, incluso del arquitecto y el agricultor.
Esta vez seguir adelante sería mucho más complicado, gran cantidad de sus recursos se habían esfumado y uno de sus integrantes estaba en prisión. Todo parecía muy desalentador, hasta que en los próximos días Brian y Samuel fueron a visitar a Frank.

Frank les preguntó a Brian y a Samuel cómo estaba todo ahí afuera y cómo iba el negocio. Ellos le respondieron con sinceridad que las cosas no estaban muy bien, se había perdido la confianza y los únicos beneficios que estaba recibiendo F.S.B son por la renta de las propiedades compradas en las subastas.

- Ya veo, pero no creo que este sea el final, no muchachos, esto debe ser solo el comienzo- dijo Frank sonriente.
- Pero Frank, mira hasta donde llegamos, estás en prisión, aquí nada tiene valor, no hay expectativa, no importa si los precios bajan o suben, siempre será lo mismo- dijo Samuel decepcionado.
- Estás equivocado, aquí se aprende a apreciar lo que tienes y la mayor expectativa es salir de aquí, porque afuera está lo que realmente nos pertenece- respondió Frank muy enérgico.
- ¿En qué estás pensando exactamente?- preguntó Brian.
- Quiero arruinar a Axl, quiero que nos devuelva todo lo que nos robó con creces, si es necesario dejarlo sin nada de dinero – dijo Frank con los ojos brillantes de furia.
- Pero Frank, no podemos hacer nada, Axl eliminó todas las pruebas de la estafa, si nos volvemos a acercar a él, tal vez tengamos tu misma suerte- le respondió Samuel.

En esos momentos vino el guardia de la cárcel y les dijo que el horario de visita había terminado. Entonces Brian y Samuel prometieron volver la semana próxima. Mientras tanto se habían quedado con la intriga de que era exactamente lo que tenía Frank en mente.

Durante esa semana Brian y Samuel no se pudieron comunicar con Frank, así que decidieron idear un plan para vengarse de Axl. Sabían que iba a ser muy difícil acercarse a él después del conflicto, entonces creyeron que tenían que crear un nexo o un chivo expiatorio para intentar acercarse a él. También estaban convencidos que querían destruir su negocio y necesitaban encontrar un punto débil en él. Todo el mundo tiene uno, pero antes de ejecutar cualquier plan querían comunicárselo a Frank, además tenían que escuchar cuál era su idea y de qué forma podían implementarlo.

A la semana siguiente, en la visita Brian y Samuel escucharon la idea de Frank, la cual era pagarle con la misma moneda a Axl y para eso necesitaban de la destreza de Brian, pero él estaba seguro que no iba a caer en la misma trampa dos veces, entonces pensó de otra persona que los podía ayudar para infiltrarse. «Richard». Pero Samuel tenía la certeza de que Richard era una persona de bien y nunca se prestaría para este tipo de cosas.
Frank les propuso que generen un conflicto entre Richard y Axl, de modo que el contador lo odie y les pueda dar una mano a ellos. Para esto, iban a necesitar conseguir toda la información posible de ambos y ver de qué modo podían llegar al objetivo.
Mientras que el horario de visita se estaba terminando, Frank les dijo que contraten un detective para averiguar todo sobre Richard y Axl. Sobre todo lo que respecta a sus negocios en común y de esa forma trazar un plan para llevar a Axl a la bancarrota.

Entonces decidieron contratar a dos grandes detectives, tal como quería Frank, uno para investigar a Richard y otro para investigar a Axl.
En cuanto a Richard no encontraron muchas cosas fuera de lo normal, trabajaba con diferentes clases de clientes que en muchos casos lograban que ellos puedan pagar mucho menos impuesto de lo que les correspondía. Por otra parte Axl era una persona más poderosa de lo que se imaginaban, además de ser amigos de grandes columnistas y dueños de medios de comunicación era socios de banqueros y tenía contactos en la política y en la justicia. En cuanto a sus negocios el detective encontró que tenía muchas causas por estafas, pero siempre había quedado absuelto por falta de pruebas y sus víctimas nunca se presentaban a declarar.
Una de las estafas consistía en prometer el pago de altas tasas de intereses a sus inversores, en el cual las ganancias que obtenían los primeros inversionistas se generaban gracias al dinero aportado por ellos mismos y

por todos los nuevos inversores que entraban al sistema de forma engañosa, ya que este sistema funciona a medida que van ingresando nuevas víctimas, pero luego desaparecen (esta metodología se denomina sistema Ponzi).

Ambos detectives les confirmaron que una vez cada quince días Axl se reunía en el despacho de Richard, quien lo asesoraba sobre temas impositivos, llevaba la contabilidad de una parte de sus negocios. Pero solo sus negocios legales, no tenía idea de las estafas de Axl y de todo el nivel de corrupción que lo rodeaba. Pero la principal información que pudo rescatar el detective fue el padecimiento de ludopatía de Axl.

Casi todos los días frecuentaba el casino, entre la ruleta y el póker perdía grandes cantidades de dinero, aunque esto no representaba una gran parte de su fortuna.

Con toda esta información debían trazar un plan que consistía en los siguientes pasos:

Primero iban a pedir la ayuda de Charles para acercarse a Axl, lo iba a hacer haciéndose pasar por un jugador de póker en la misma mesa que Axl, con el fin de insertarles micrófonos y cámaras para un seguimiento total, tanto en su ropa como en su auto y en su casa de ser posible.

En segundo lugar querían que se hicieran públicos algunos de los fraudes de Axl, con él, desvinculando al contador, así éste último los podía ayudar. Por ultimo entrar nuevamente en la base de datos de Axl y conseguir todos los datos sobre sus cuentas bancarias y de sus clientes para realizar un gran robo.

Si tenía éxito el plan, los jóvenes iban a tener una fortuna incalculable e iban a necesitar de la ayuda de Richard para evitar ser rastreados por el fisco.

Para entender bien la situación y el plan Charles fue a la cárcel a visitar a Frank con Brian y Samuel.

Frank le preguntó en reiteradas ocasiones si quería hacer este trabajo, ya que era muy arriesgado. Charles sin dudarlo respondió afirmativamente, ya que se sentía muy agradecido porque le habían brindado su primer empleo en aquella etapa muy difícil de su vida.

Los tres jóvenes fueron claros con las directivas del trabajo, debían infiltrar un micrófono y una cámara del tamaño de una pastilla en el saco o la camisa de Axl.

Charles parecía entender todo a la perfección y tenía muchas ansías de poder colaborar con ellos, por el afecto y la admiración que le tenía a Frank, además tenía mucha furia hacia Axl.
Antes de llevar a cabo el plan Brian y Samuel tenían que abrir varias cuentas bancaria en el exterior, para ser más precisos en paraísos fiscales, en las Islas Caimán, Panama y las Bahamas. Con la ayuda de Richard y sin darle muchas explicaciones lo pudieron realizar sin necesidad de tener que viajar hasta allá.

Una vez finalizado estos trámites, era hora de poner en marcha el plan. Brian y Samuel le dieron unos cuantos dólares a Charles con el fin de que pueda jugar unas cuantas mesas al póker con Axl y así ganar su confianza para infiltrarle los micrófonos y cámaras.
Una vez adentro del casino, Charles esperó que se levantara el jugador que estaba al lado de Axl para jugar cerca de él. Esa madrugada pasaron varias horas jugando y poco a poco Charles iba ganando la confianza
de Axl, hablándole sobre temas de economía que sabía que a Axl le interesaba, además se hacía pasar por inversor para que Axl le hable de su profesión como agente bursátil y así fue.

Axl comenzó a hablarle sobre los mercados financieros y todas las oportunidades que había disponible en la actualidad, incluso salieron juntos del casino hablando de negocios hasta el auto de Axl.
Charles vio un momento de debilidad en Axl y cambió el plan de los jóvenes: justo antes de ingresar al auto, Charles le dio escopolamina a Axl, haciéndolo sumiso para intentar llevarlo a su oficina y poder robarle toda la información que los jóvenes de F.S.B. buscaban.
Charles creyó que era un plan excelente y que no valía la pena hacer un seguimiento durante tanto tiempo, cuando podían hacer todo el trabajo en una sola noche.
Al subirse al auto Charles pasó a Axl al lado del acompañante para manejar él mismo. Mientras comenzó a manejar llamó a Brian de una forma muy exaltada y le dijo: «tengo una gran noticia, tengo a Axl»

- ¿Qué? ¿Cómo que tienes a Axl? – preguntó Brian muy sorprendido.
- Sí, tengo a Axl al lado mío y vamos juntos a su oficina, tienes que venir, conseguiremos toda la información que sea necesaria.- respondió Charles eufórico de alegría.

- Pero Charles, eso no era lo que habíamos arreglado, no debías secuestrarlo- dijo Brian.
- No lo secuestré, lo tengo bajo los efectos de una sustancia psicoactiva y si no te apresuras perderás la oportunidad de tu vida.

Brian seguía sin entender nada, pero sabía que era parte de este problema, así que fue directamente al destino mientras llamaba a Samuel para que hiciera de campana al entrar al edificio de la oficina de Axl, donde se dirigían todos ellos.
Samuel reaccionó de la misma forma que Brian y sin entender mucho decidió tomar los riesgos que hacían faltan y acompañarlos.

Sin muchas dificultades pudieron ingresar fácilmente a la oficina de Axl, tomando todos los recaudos posibles. El problema sería salir de allí sin dejar rastros, había cámaras por todos lados, inclusive las cámaras del casino habían captado a Charles. Pero con mucho esfuerzo Samuel logró alterar todas las cámaras para evitar ser capturados.
Una vez que lograron entrar a la oficina, Charles le empezó a hacer algunas preguntas a Axl sobre contraseñas del sistema, bases de datos, cuentas, etc. A su vez, Brian con mucho esfuerzo entró en el sistema y logró acceder a toda la base de datos de Axl.
Brian no lo podía creer con la inmensa cantidad de empresarios de todo el mundo que Axl trabajaba. En verdad era mucho más dinero del que F.S.B. podía ganar en toda su vida.
Pero sin temor a las consecuencias Brian le pagó con la misma moneda que Axl le había pagado a F.S.B, ejecutando todos los valores
que Axl tenía en custodia, de diferentes bolsas del mundo e hizo las transferencias a las cuentas bancarias de los paraísos fiscales.

En realidad las operaciones se ejecutarían al abrir los mercados y la transferencia la haría desde su propia casa de forma remota, ya que seguiría teniendo acceso al sistema, mientras que Axl seguiría bajo los efectos del estupefaciente suministrado por Charles.
Samuel le preguntó a Charles cuánto duraba el efecto de la droga y éste le contestó que entre tres y cuatro horas aproximadamente. Brian lo miró y le dijo:

- Es muy poco tiempo, si se despierta antes que el mercado podrá cancelar todas las operaciones y este trabajo habrá sido en vano-.
- ¿Quieres matarlo? – preguntó Charles.
- No, no vamos a asesinarlo- respondió Samuel abriendo los ojos bien grande.
- Pero esta persona hizo que Frank esté tras las rejas y que el trabajo de ustedes no tenga sentido- dijo Charles.
- Vinimos por otra cosa, no lo vamos a matar, no somos asesinos -dijo Samuel nuevamente levantando su tono de voz.
- Atémoslo en el baño, coloquemos una bomba falsa y hagamos un agujero en el suelo con el fin de ganar tiempo, mientras todos estén alterados por la situación nadie se ocupará de estas operaciones -dijo Brian.
- De acuerdo, me parece una gran idea -dijo Samuel.

Mientras Charles se encargaba de atar en el baño a Axl y suministrarle una nueva dosis de escopolamina, Samuel hizo un buraco en la oficina para simular que escaparon por ese sector y Brian armo una bomba de juguete con artefactos caseros encontrados en la misma oficina.

Finalmente lograron salir de la oficina sin muchas dificultades, mirando hacia abajo para evitar cualquier cámara de seguridad, aunque Samuel ya las había alterado a todas.
Al salir decidieron que al día siguiente debían tomar un avión y dejar el país, ya que estaban en una situación muy crítica, tarde o temprano la policía vendría por ellos.
Mientras tanto habría que esperar la apertura de los mercados para poder terminar el trabajo y lograr que no se cancelen las operaciones. Brian estaba desde su casa atento a las aperturas de los mercados para enviar el dinero a los paraísos fiscales.
Charles empezó a entender la gravedad de las cosas y no tenía otra alternativa que esperar. En cuanto Samuel fue a comprar los pasajes para tres personas hacia las Islas Caimanes.

Pasado algunas horas los mercados ya habían abierto, Brian por un lado esperaba que se ejecuten esas operaciones y por otro lado miraba las noticias atentamente, sabía que en cualquier momento Axl iba a aparecer.

Después de algunos minutos que parecían eternos, las operaciones se habían ejecutado y Brian pudo transferir toda esa fortuna a las diferentes cuentas bancarias. Así que llamó a Charles y Samuel y les dijo: «somos millonarios, nos tenemos que ir».
Samuel le dijo que en cuatro horas salía el avión, que ya había comprado los pasajes.
En ese tiempo Brian escribió una carta a Frank para comentarle muy en breve lo que había ocurrido. Esa carta se la dio al contador y le pidió por favor que se la entregue en sus manos, que era algo muy importante y no tenía tiempo de dar explicaciones. El contador agarró la carta y le prometió que le haría el favor que se quede tranquilo.
El primero en llegar al aeropuerto fue Brian casi al mismo tiempo que Samuel, se miraron y ambos tenían un sentimiento de alegría por todo el dinero que habían conseguido acompañado de un sentimiento de angustia, ya que Frank todavía estaba preso.

Pasado unos minutos en el aeropuerto Brian y Samuel se empezaron a preocupar, ya que Charles no aparecía y no contestaba el teléfono, faltaban menos de diez minutos para que despegue el avión, cuando de repente apareció en la tele de la sala de espera, la noticia de lo que había ocurrido en la oficina de Axl. Mientras mostraban en reiteradas ocasiones un video en el que Charles le dio la escopolamina a Axl y se subieron juntos al auto. El video fue captado por las cámaras del casino. Gracias a ese video la policía interfirió al taxi de Charles rumbo al aeropuerto y lo arrestaron.

Brian y Samuel se sintieron muy impactados al ver la noticia, se miraron unos a los otros sin saber qué hacer, mientras que escuchaban la voz del megáfono del aeropuerto anunciando que el vuelo a las Islas Caimán estaba a punto de partir. Ambos tenían que tomar una decisión entre quedarse y ayudar a Charles a salir del problema en el que ellos lo habían metido o salir del país con más dinero del que podrían haber juntado en toda su vida.
Samuel le dijo a Brian que tal vez podamos hacer más cosas desde afuera, aquí el destino no nos iba acompañar. Brian con los ojos brillosos de lágrimas le hizo caso y sin decir ninguna palabra decidió subir al avión junto a Samuel.

Mientras tanto en Nueva York, Charles estaba en una situación muy complicada, pero siempre guardó silencio y evitó culpar a los demás, a pesar de las amenazas del FBI, que iba a estar mucho tiempo en prisión si no declaraba todo lo que sabía.

Pero Brian y Samuel no se iban a quedar de brazos cruzados mientras Charles estaba en prisión, así que el mismo día en que llegaron a su destino llamaron a John para que defienda a Charles. El pago iba a ser cinco veces mejor de lo que eran sus honorarios normales, para que le brinde la mejor defensa posible, el dinero a estas alturas era algo que le sobraba y en realidad no les interesaba demasiado.

John se presentó en el lugar donde estaba detenido Charles y pidió hablar a solas con él. Los policías y detectives que lo estaban interrogando tuvieron que hacerse a un lado y dejar al abogado con su cliente.

- ¿Usted va a ser mi abogado? – preguntó Charles.
- Sí, así es. Necesito que me diga toda verdad para poder ayudarlo.
- ¿Usted es un abogado estatal? – preguntó Charles un poco desanimado.
- No, soy un abogado privado y muy caro, pero quédate tranquilo que mis honorarios ya están pagos, espero que salgas pronto porque afuera te están esperando cosas muy importantes.

Charles entendió que sus amigos no lo habían abandonado, sintiendo un gran alivio en este momento tan difícil.

Charles le contó toda la historia tal cual había ocurrido, haciendo énfasis en que no había pruebas para culpar a Brian y Samuel, debido a que él mismo destruyó su celular cuando se dio cuenta que la policía lo venía siguiendo antes de llegar al aeropuerto para evitar cualquier tipo de vínculos y pruebas que puedan culparlos, tampoco había pruebas de que ellos le habían robado a Axl y atado en el baño. La única evidencia concreta que tenía la policía era el video de la cámara del casino en el cual Charles le dio escopolamina y lo subió al auto.

John le contestó que iba a ser casi imposible que quede absuelto, pero iba a hacer todo lo posible para que su condena sea la mínima posible, además iba a solicitar que esté en una prisión diferenciada, obviamente financiada por Brian y Samuel, ya que pase lo que pase no haría ningún tipo de declaraciones que les puedas causar problemas a ellos.

Charles no tenía otra alternativa que esperar, así que debía seguir los pasos que le proponía John ilusionándose que el día que salga de prisión afuera lo esperaría una vida con una gran fortuna.

Paralelamente el contador fue a llevarle la carta que Brian había escrito a Frank. Adentro de la prisión antes de entregársela le preguntó si Brian y Samuel tenían algo que ver con el robo que Axl había sufrido. Frank no había leído las noticias y había perdido el contacto con sus amigos, así que no entendía bien de qué estaba hablando Richard.
La carta decía «lo hicimos, nos vemos en un año». Un año era el periodo de tiempo que le faltaba a Frank para salir de la prisión. El texto era breve, pero lo suficientemente claro para que solo lo pueda entender Frank y nadie más en caso de que la carta se filtre entre la policía y los detectives. Frank sonrió y sintió un gran alivio con aroma de venganza, pero el contador le volvió a preguntar qué estaba pasando y si sus amigos tenían relación con lo sucedido, Frank le respondió que Axl no era la clase de persona que todo el mundo pensaba que era, tal vez algún día lo logre entender. El contador lo miró algo sorprendido, pero sin creerle mucho sacó el diario para mostrarle la foto de la noticia en la cual Charles drogaba a Axl y lo metía al auto. -Charles va a estar mucho tiempo tras las rejas, más que tú- dijo el contador-.

Frank leyó la nota completa del diario y terminó de entender que el plan para arruinar a Axl no se había ejecutado tal cual lo habían planificado y que Charles había sido la única víctima pero el objetivo se había cumplido. «Axl se encontraba prácticamente en bancarrota».
Frank lo lamentaba por Charles, pero se sentía orgulloso de la genialidad y el talento de sus amigos para robarle todo su dinero.

V. EL LADO OSCURO DEL DINERO

Transcurrido un año desde que Samuel y Brian se fueron del país, Frank finalmente cumplió la condena. Al salir de prisión, John fue a buscarlo para ir hacia el aeropuerto con un pasaje a las Islas Caimán para reencontrarse con sus amigos. Frank le dijo que quería quedarse algunos días en Nueva York y después viajar. John le respondió que debía viajar inmediatamente, su vida corría peligro, Axl lo estaba buscando.

- ¿Y qué pasó con Charles? -preguntó Frank.
- Lamentablemente no tengo buenas noticias. Hice lo mejor que pude, pero fue condenado a cinco años de prisión -contestó John con la frialdad que lo caracterizaba.
- ¡Maldición! Tiene que haber algo que podamos hacer, él no merece padecer esto- dijo Frank enfurecido.
- No te preocupes, se encuentra en una cárcel diferenciada y según tus amigos lo espera una gran fortuna cuando quede en libertad. Pero el punto es que debemos ir ahora mismo al aeropuerto.
- De acuerdo- respondió Frank con rabia y angustia por la impotencia de no poder hacer nada por Charles.

Finalmente John le dio el pasaje a Frank y la dirección donde se hospedaba Brian y Samuel, aunque ellos los iban a estar esperando en el aeropuerto de las Islas Caimán.

Después de mucha tensión e incertidumbre, todo salió con normalidad. Frank pudo llegar a las Islas Caimán sin que Axl lo persiguiera.
Allí lo estaban esperando sus amigos. Estaban vestidos de ropa hawaiana y anteojos de sol. Se veían muy contentos.
Al terminar de saludar y abrazar a Frank empezaron a contarle lo grandioso que era la vida allí, los yates, los edificios, las mujeres, los autos lujosos. Todo era realmente increíble y esa vida la podían llevar para siempre, era realmente el paraíso en la tierra.

Si bien Frank se sentía deslumbrado por todo el panorama de las Islas Caimán, también sentía desilusión por la situación de Charles y por tener que irse de Nueva York.
Frank les preguntó a ambos si sabían lo que había pasado con Charles.

- Sí, realmente lo sentimos. Es una verdadera lástima. Sin Charles hoy no estaríamos aquí. Por eso la cuarta parte del dinero le pertenece a él y se la daremos el día en que salga de prisión -dijo Samuel.

Ese día le dieron su parte a Frank, quien estaba realmente muy sorprendido.
Al pasar los días cada vez se sentía más cómodo en el lugar, la playa por el día y las fiestas por la noche, era la rutina de su vida, de a poco parecían que se habían olvidado de Nueva York y el estrés de los mercados financieros.

Pero los sentimientos no seguirían siendo tan concordante con la razón. Después de dos años de esta vida lujuriosa los jóvenes empezaron a sentirse desgastados y querían cambiar el paraíso por la realidad, sobre todo Frank que extrañaba Nueva York y quería encontrar la mejor forma y pacífica de volver. Pero había un gran problema, a Frank lo perseguía Axl porque sabía que estaba involucrado en el fraude, mientras que a Brian y Samuel, además de Axl, la justicia lo había declarado prófugos. Por lo tanto si volvían a Nueva York debían volver como personas poderosas para poder afrontar su destino, de lo contrario su suerte estaría librada al azar.

El gran inconveniente era que no podían enviar grandes cantidades de dinero a Nueva York, ya que corrían el riesgo de que la justicia los atrape, por eso se pusieron en contacto con John para que los ayude y de a poco puedan ingresar toda su fortuna. Es decir, debían recurrir al lavado de dinero para establecer su fortuna en Nueva York nuevamente.
John aceptó a cambio de un 10 %. Ese montó correspondía a sus honorarios y a los del contador para ayudarlos en todo el proceso. Además, John era el encargado de mantenerlos al tanto en todos los aspectos legales de los tres jóvenes, haciéndose cargo entre otras cosas de la liquidación de F.S.B, con dicho dinero se reinvertiría de una nueva manera. La idea era

que toda la gran fortuna que poseían en las Islas Caimán vuelva a Nueva York creando negocios genuinos y rentables.

En verdad era mucho dinero. Esta vez el problema no era ganar dinero, sino gastarlo. Mientras John se iba a encargar de la parte legal, Richard se encargaría de la parte fiscal y financiera.

El primer paso fue la apertura de un restaurante en las afueras de Nueva York. Se trataba de alquilar un local, contratar empleados, hacer el presupuesto como cualquier inversión, la única diferencia era que tenían que sobrevaluar sus ingresos y generar facturas apócrifas tanto de clientes como de proveedores. Esa era una tarea para nada fácil, sobre todo porque los ingresos debían ser blanqueados de manera paulatina y no como un shock, ya que podían levantar sospechas del fisco y exigirles el origen de sus fondos.
Si bien el contador iba a colaborar, John era el representante y responsable de los negocios de los jóvenes, por lo tanto sabía que si daba un paso en falso podía tener muchos problemas.

Desde un principio el objetivo era que cada negocio genere muchos movimientos de fondos y obviamente si se obtienen ganancias genuinas mejor, pero las directivas de Frank era incrementar alrededor de un 50 % las ganancias, con el objetivo de invertir ese dinero en activos financieros o en bienes raíces, blanqueando finalmente el capital de los jóvenes.
Con estos criterios rápidamente el dinero iba ingresando en el mercado legal. Las transferencias desde las Islas Caimán se iban haciendo en decenas de cuentas de gente de confianza de John y de Richard con la idea de que sean pequeñas sumas de dinero para burlar al fisco, pero luego ese dinero iba a volver al restaurante terminando con el proceso.

Durante los primeros meses todo iba tal cual lo planeado, pero Frank y sus amigos aún tenían mucho dinero y les exigían a John y a Richard un mecanismo para ingresar mayores cantidades de dinero en menor tiempo. Frank además le exigía a John que quería ganancias genuinas. John le explicaba que era imposible, que sus fondos blanqueados representarían entre el 70 % y 80 % de su fortuna en el mejor de los casos, además le dijo que no era un experto en inversiones, por tal motivo no podría llevar a cabo su petición.

- No te preocupes por eso, mis amigos y yo sí somos expertos. Tú y Richard solo deberán seguir mis directivas y encargarse de que la justicia y el fisco no nos moleste -dijo Frank.

John se quedó mudo unos segundos sin saber qué responder, muy raro teniendo en cuenta su carácter, pero empezaba a sentir la presión de Frank.

Frank volvió a hablarle a John en medio de su silencio y le dijo:

- Si no estás a la altura de las circunstancias o piensas que el riesgo no vale la pena, puedes dar un paso al costado.

John sin saber si podía cumplir con el pedido de Frank aceptó igualmente, teniendo en cuenta que recibiría el 10 %, un porcentaje para nada despreciable.

La siguiente forma de acelerar la inyección de los fondos devuelta a Nueva York fue a través del «pitufeo», es decir desde las Islas Caimán se le enviarían pequeñas cantidades de dinero a muchas personas contratadas por John a cambio de una comisión, luego el dinero llegará de forma física a manos de John que se encargará de blanquearlo de diferentes maneras.
El problema era conseguir muchos "pitufos", ya que éstos debían ser de gran confianza para no levantar ningún tipo de sospecha.

John tenía un amigo y cliente que se ganaba la vida tirándose a los autos fingiendo accidentes, pidiendo dinero a los automovilistas o haciéndoles juicios depende de la ocasión. Su nombre era Clark.
John le propuso una comisión para recibir remesas del exterior semanalmente y una prima extra por cada persona que él traiga. La condición era que Clark se encargue de esa parte del negocio, nadie debía conocer a John ni hacer preguntas de porqué recibía el dinero.
Simplemente Clark se encargaba de conseguir gente o «pitufos» que recibirán el dinero, pero solamente Clark será quien le lleve el dinero a John. Mientras todos sus integrantes sean discretos el negocio resultaría beneficioso para todos ellos.
Clark empezó a traer más personas de lo que John y Frank imaginaban, empezando a acumular mucho dinero físico, el cual debía ser blanqueado,

pero a su debido tiempo. Para esto John decidió abrir otro restaurante, la idea era la misma «sobrefacturar para ingresar sus fondos».

Pero para Frank era todo muy paulatino, así que decidió acelerar el proceso. Le ordenó a John que empiece a vender franquicias y a los compradores les ofrezca una comisión a cambio. John le respondió que los restaurantes eran muy nuevos y si llevaban a cabo esa práctica correría el riesgo de levantar sospechas y ser investigados por el fisco. Entonces Frank le dijo que hiciera publicidad del éxito de su restaurante y sus secretos con el fin de que cualquier tercero piense que son restaurantes innovadores y no una fachada para lavar dinero.

Así que John siguió las indicaciones de Frank al pie de la letra, mejor aún pudo contratar publicidad con algunas pseudoagencias publicitarias pagando parte del gasto en negro. Estas eran publicidades muy costosas, pero tenían la virtud de generar rumores en diferentes medio de comunicación. Además John pagó publicidad normal y corriente con otras agencias de publicidad.
Mientras que estas publicidades iban generando impacto, poco a poco en el público, John abre el tercer restaurante en la ciudad de Nueva York y al mismo tiempo empieza a ofertar franquicias para emprendedores del rubro.
Tal como quería Frank este negocio tenía su doble rol, el blanqueo de dinero y a su vez generar ganancias reales.

Las primeras franquicias que se vendieron fueron genuinas, los compradores las obtenían con el fin de emprender su propio negocio. Pero más tarde John y el contador debían conseguir inversores a los que ellos mismo les entregaban el dinero para que compren las franquicias.
El dinero pasaba a tener un círculo legal y cada vez que pasaba el tiempo era más fácil aumentar la cantidad de dinero que ingresaba. Igualmente había que tener prudencia para no dejar rastros.

A pesar de que todo iba saliendo tal cual lo planeado, el porcentaje de dinero que se había transferido era irrelevante en comparación con todo el dinero que aún poseían en las Islas Caimán.

Los pitufos, el restaurante, y las franquicias eran métodos eficaces, pero no alcanzaría una vida para transferir todo el dinero, así que había que seguir buscando otros métodos para acelerar el proceso, pero manteniendo los actuales.

Esta vez Frank le encomendó la tarea a John de abrir una fundación sin fines de lucro para brindarle alimentos a los más necesitados de la ciudad de Nueva York, financiado por los restaurantes y terceras personas que se quieran acercar. Obviamente la caridad y la generosidad era solo una pantalla para transferir y generar dinero proveniente de las Islas Caimán.

Clark fue designado por John para estar a cargo de la fundación, parecía increíble pensar que un joven que hace unos meses se ganaba la vida fingiendo accidentes, en estos momentos estaba a cargo de una institución tan importante y con tantas responsabilidades, ya que a pesar que el objetivo era el blanqueo de capitales también debía cumplir con su rol como fundación entregando alimentos y ayudando a los más necesitados. Al parecer esta fundación era una enorme fuente de purificación de capitales, en contrapartida ayudar a los pobres y a los más necesitados generaba una buena imagen, lo que hacía tener la atención de muchas personas.

En realidad no estaba del todo claro, si esto era una ventaja o una desventaja, ya que por un lado la cadena de restaurantes iba ganando fama y prestigio con las políticas de responsabilidad social empresarial empleadas y por otro lado, organismos gubernamentales ponían su atención en la cadena de restaurantes lo que significaba mayores riesgos de ser investigados sobre los fraudes que estaban cometiendo.

John decidió contratar gente para la fundación, estas personas estarían a cargo de Clark, algunas personas eran «pitufos» que recibían remesas y otras personas eran de la confianza de John, que en algunos casos eran empleados solo en los papeles sin cumplir horarios de trabajo. El objetivo era pagar los sueldos con dinero proveniente de las Islas Caimán y estos empleados ficticios le restituirían el dinero a John a cambio de una comisión.
El contador se encargaba que los sueldos fueran moderados al igual que la sobrefacturación, en el punto justo anterior antes de que empiece a molestar el fisco.

El siguiente paso fue contratar gente de alto poder adquisitivo para que hagan donaciones, previamente el dinero sería enviado por Frank hacía ellos, para que luego lo depositen en la fundación como donaciones.

John y el contador consiguieron un puñado de personas con estas características, concretando con éxito lo que les exigía Frank, pero aún faltaba mucho dinero por traer, inclusive John y el contador estaban ganando demasiado dinero y si no lo gastaban adecuadamente ellos también podrían empezar a ser perseguidos por el fisco.

Mientras tanto en las Islas Caimán, Frank, Brian y Samuel discutían algún método para seguir girando fondos a Nueva York.
Brian mencionó sobre la manera en que cobraban las tazas Hot-Cold años atrás con los procesadores de pago y el sistema de micropagos en su primer emprendimiento.

- ¿Quieres que cobremos en los restaurantes con esa metodología?- preguntó Frank.
- No, quiero que nosotros seamos los encargados de generar esas tarjetas. Podremos emitirlas sin exigir muchos requisitos, las personas podrán transferir dinero a su antojo y luego gastarlo como se les dé la gana, los primeros en aceptar esta clase de tarjeta será nuestra cadena de restaurantes.

A Frank le pareció una excelente idea y se comunicó con John para llevar a cabo este nuevo proyecto.

Si bien a John le pareció una buena idea, creía que era sumamente riesgoso lo que le proponía Frank. No era generar tarjetas de pago como un brazo de la actividad de la cadena de restaurantes, sino crear una nueva sociedad que se encargue de generar tarjetas. Algo bastante ambicioso.

En principio John se negó, ya que era mucha responsabilidad estar a cargo de este tipo de instituciones, teniendo en cuenta que debía manejar la cadena de restaurante, la fundación, las franquicias y los «pitufos». Además podían levantar sospechas. Pero la conversación entre ambos se puso un poco tensa:

- No es una opción, sino una orden que debes cumplir -dijo Frank.
- Ese no era el trato, el trato era el 10 % del blanqueo -dijo John sin entender bien en que lio se había metido.
- El 10% de todo el capital, hasta tanto y en cuanto no cumplas con tu parte, el negocio no se termina.
- Soy abogado, no puedes extorsionarme.
- Eres un abogado que ha cometido muchos fraudes y si no quieres que salgan a la luz debes continuar con tu parte del trato.
- ¿Usted me está extorsionando? yo no puedo permitir este tipo de presión, soy un abogado prestigioso.
- A la noche le llegara un paquete, por favor ábralo usted mismo, es una sorpresa y es confidencial. Mañana seguiremos hablando de negocios -dijo Frank y le cortó el teléfono.

John se quedó sorprendido y sabía que salir de esta situación iba a ser muy difícil o tal vez imposible, así que debía pensar bien si irse del negocio y afrontar las consecuencias o seguir lidiando hasta el final con Frank y las irregularidades de sus negocios. Las cuales si cometía un paso en falso, también iban a tener que enfrentar a la justicia. Pero para tomar esta decisión iban a pasar algunas horas hasta encontrar el paquete que Frank le había enviado.

Después de un largo día de trabajo John volvía a su casa como de costumbre, ahí lo esperaba un hombre de traje y dos custodias. Era el detective que trabajaba para Frank y sus amigos, su tarea era entregarle el paquete mano en que le mencionó en la conversación telefónica.

- Este paquete viene de parte de Frank -dijo el detective y se fue sin decir ni una palabra-

John lo tomó y vio que los custodias estaban armados, lo que lo hizo sentir algo intimidado.

Finalmente John entró a su casa y abrió el paquete para terminar con el suspenso. En él había tres cosas muy importantes, lo primero que observó fueron varias fajas de dinero equivalente a miles de dólares atadas a un papel que decía «esto es una prima por el excelente trabajo realizado hasta el momento». El segundo objeto del paquete era una carpeta en la cual le explicaba todos los pasos a seguir para abrir la sociedad emisora de tarjetas. Por último y tal vez el objeto más importante para John era un pendrive. John lo insertó en su computadora y encontró cosas que él nunca imaginaría: eran videos y archivos de John, de sus fraudes, no solo del lavado de activos, sino también por otro tipo de estafas que había realizado antes de conocer a Frank y sus amigos.

El detective había investigado toda su vida y toda su carrera profesional, si toda esa documentación salía a la luz John iba a estar en graves problemas y pasaría varios años en prisión.
Así que John no tenía alternativa, debía quedar a disposición de Frank hasta que logre finalizar todo su trabajo.

Al día siguiente Frank lo llamó y le preguntó qué le había parecido el paquete, a lo que John le respondió de una forma muy resignada «quedo a tu disposición Frank; creo que no tengo alternativas. Ganaste el juego».

- Yo no gané, somos un equipo, ambos ganamos. Cuando finalicemos el trabajo tendrás suficiente dinero para hacer lo que tú quieras y viajar a donde desees por el resto de tu vida -dijo Frank sonriente.
- Déjame hacerte una última pregunta, antes de empezar con el proyecto ¿cuánto dinero falta traer aún?
- Mmm... Digamos que solo has hecho el 5 % del trabajo.
- ¡El 5 %! Pero hace más de un año que estamos trabajando ¿solo el 5 %?- preguntó John muy alterado.
- Nunca hablamos ni de cantidades ni de tiempo. Igualmente puedes estar tranquilo, mientras más fuentes de blanqueamiento tengamos más rápido será el proceso, depende de tu eficiencia y la de Richard -dijo Frank.

John suspiró profundo y sin otra alternativa siguió trabajando tal cual le había planteado Frank.
Con la ayuda de Richard, John llevó adelante la gestación de la sociedad emisora de tarjetas. La directiva de Frank era emitir una tarjeta a cada empleado del restaurante, ofrecerles a sus clientes y también a los de sus franquicias, brindándoles grandes beneficios, promociones y descuentos. También emitir esta tarjeta a los empleados de la fundación y a los «pitufos».

La idea era que al debitar y acreditar estas tarjetas el dinero sea transferido desde las Islas Caimán a Nueva York y viceversa, con el objetivo de aumentar los flujos de fondo y hacer figurar al dinero a blanquear por comisiones de tarjetas y depósitos.

Para incentivar el uso de estas tarjetas Frank propuso destinar el 1 % de las ganancias a la fundación, lo que implicaba que a mayor cantidad de personas que utilicen el servicio de las tarjetas, más rápido John podría terminar su trabajo.

La idea funcionó tan bien que cientos de personas empezaron a adquirir estas tarjetas y cada vez era más difícil diferenciar el dinero obtenido del lavado de activo con el proveniente de inversiones genuinas.

John y el contador cada vez trabajaban más horas y sin ayuda de otras personas. Era demasiado complejo evadir todos los errores que puedan surgir, así que necesitaban contratar gente especialmente para el lavado de dinero. Tuvieron que tomar la decisión de alquilar una oficina a pocas cuadras del establecimiento donde estaba ubicada la fundación, dándole la fachada de un estudio contable y jurídico que sería el lugar donde administrarían y controlarían los negocios sucios de los jóvenes de F.S.B. Todas las personas que contrataron eran de un perfil bastante estructurado, debían hacer determinados tipos de trabajo que John o el contador les encomendaban pero nada más. Estos empleados no estaban al tanto de qué se trataba el trabajo que ellos realizaban y tanto John y el contador evitaban responder preguntas que puedan generar sospechas sobre la licitud de cada negocio.

Esto se podría lograr pagando altos salarios, pero igualmente eran consciente de que en algún momento los empleados podían descubrir algo, así que decidieron conocer sus perfiles día a día a fondo para saber en quienes podían confiar realmente.

Durante esos momentos John y el contador corrían el riesgo de poner en juego su prestigio profesional, sus matrículas, su libertad en el caso de ser descubiertos por la justicia y solo a cambio de una sola cosa: «Dinero».

Lamentablemente ya era demasiado tarde para preguntarse si todos estos riesgos valían la pena, estaban en un laberinto, no podían cometer errores y cualquier piedra en el zapato por mínima que sea podría significar echar a la basura todo el esfuerzo hecho hasta el momento.

Pero era necesario seguir implementando métodos para seguir trayendo más cantidades de dinero hacia Nueva York .
Debido a que los números de los balances eran muy favorables, John estaba en condiciones de acceder a un crédito bancario.

Las directivas de Frank desde las Islas Caimán, era financiar la compra de un terreno y luego construir un gran edificio. Gran parte de los materiales y la mano de obra iban a ser pagados en negro. Será trabajo de John y el contador llevar a cabo esta gran obra.
Para comenzar con esta metodología John acudió al Banco al cual él era cliente. El gerente lo recibió con un trato diferencial por los montos importantes que manejaba.

John le preguntó si existía la posibilidad de acceder a un crédito hipotecario para financiar el proyecto de inversión que consistía en la compra de un terreno para luego construir un hotel de alojamiento en la ciudad de Nueva York.

- ¿De qué monto exactamente estamos hablando John? - pregunto el gerente
- El inmueble cuesta $2.000.000, pero necesito un crédito de $1.000.000-

El gerente algo sorprendido, pero a la vez cautivado, sentía curiosidad de la forma en que John estaba ganando tanto dinero en tan poco tiempo y como tenía una confianza fraternal, ya que él era cliente mucho antes de conocer a Frank le preguntó sin rodeos:
- ¿Cómo has hecho John?
- ¿A qué te refieres?
- A tus métodos para ganar dinero, parece que en estos últimos tiempos todo te está funcionando de maravilla.
- Trabajo con los mejores -contestó John con escepticismo pero sin perder el carisma.
- Bueno, entonces puedes presentármelos. Tal vez podamos hacer grandes negocios.
- Por el momento están trabajando tiempo completo y fuera del país. Tal vez en otro momento puede ser.
- Bueno, esperaré ese momento ansioso. Mientras tanto hagamos negocios nosotros y sigamos hablando del crédito.

- De acuerdo -dijo John, mientras sentía un alivio por dentro porque le resultaría bastante incómodo si la conversación se volviera un interrogatorio en la cual pueda levantar cualquier tipo de sospecha sobre sus negocios.

La conversación entre John y el gerente siguió su rumbo favorablemente, John cumplía con todos los requisitos para acceder al crédito y pagarlo a diez años a una tasa de interés muy baja y con un periodo de gracia de un año. John salió muy conforme del Banco porque era un paso gigantesco, si el proyecto se concretaba tal lo planificado, los tiempos para finalizar su labor se iban a acortar de una manera realmente significativa.

Pero John tenía algo más en mente. Creía que el gerente del Banco era un buen candidato para que ingrese al negocio, aunque era muy temprano aún para sacar esa conclusión.
John llamó a Frank para pedirle que investigue al gerente del Banco al igual que lo habían hecho con él mismo.
A Frank le pareció una buena idea, así que contrato a sus detectives para pinchar los teléfonos del gerente e infiltrar cámaras por un par de semanas o por el tiempo que sea necesario hasta conocer realmente su perfil.

Mientras tanto John recibió el crédito sin ningún tipo de problema, compró el terreno y su principal trabajo tanto de él como del contador era levantar un edificio de veinte pisos con dinero sucio.
John fue a consultar a varios arquitectos y empresas constructoras para comenzar de inmediato la obra. Lo que buscaban no era un arquitecto prestigioso ni mucho menos abaratar costos, sino alguien que se muestre accesible a cobrar sus honorarios sin declarar o facturar parte de sus gastos en negro.
Para no cometer errores, estos arquitectos eran investigados para conocer su grado de corruptibilidad. Si bien ninguno de ellos eran grandes estafadores casi todos cometían algún acto de ilegalidad o inmoralidad en su vida rutinaria, como infidelidades, no pagar contribuciones a sus empleados o simplemente pasar un semáforo en rojo.

A partir de estos momentos Frank y sus amigos decidieron que todas las personas que formarían parte del negocio directo o indirectamente debían ser investigados, no importa si conocían o no el negocio o simplemente si sospechaban de algo, Frank estaba obsesionado con conocer todos los detalles de Nueva York y el de sus integrantes.

Después de una investigación ardua, optaron por un arquitecto llamado Phil. Él era realmente un gran profesional, había construido y remodelado grandes obras a lo largo de su vida, su carrera profesional era un éxito. Todo lo contrario sucedía con su vida personal: se encontraba divorciado y su única hija con quien tenía poco contacto se encontraba viviendo en Europa. Phil estuvo imputado por aceptar sobreprecios de un funcionario público a cargo del financiamiento de un hospital en Brooklyn. Pero el juez sobreseyó la causa y no se le aplicó ningún tipo de multa ni a Phil ni al funcionario. Por estas razones Phil era el candidato adecuado para llevar adelante la obra.

Al mismo tiempo los detectives tenían preparado el informe del gerente del Banco. Este sujeto hace diez años había hecho ganar mucho dinero a los accionistas de su Banco, además se detectaron que tenía custodia de cajas fuertes de empresarios muy importantes, ofreciendo bonificaciones financieras a algunos clientes y tasas de interés preferenciales que excedían la política habitual del Banco. Pero los investigadores fueron un paso más adelante e investigaron el vínculo con estos clientes, llegando a la conclusión de que era un grupo empresarial que se dedicaba a la manipulación de cotizaciones en los mercados financieros y fomentaba la emisión y negociación de las hipotecas subprime.

Todo el equipo de Frank se dio cuenta que había que vincularse con el gerente bancario, era oro en polvo para su negocio.
Por cierto, el gerente se reunía semanalmente con los ejecutivos del Banco y era el principal candidato a ser el presidente en los meses subsiguientes.

John se reunión con el arquitecto Phil para empezar a trabajar sobre el plano, la construcción del edificio y el presupuesto. El monto de tal presupuesto era una cantidad millonaria, el periodo de la obra era de aproximadamente un año. John le preguntó si tenía problema en recibir parte del dinero vía transferencia bancaria y otra parte de forma física para bajar costos impositivos. Phil estaba en contra del fisco y le molestaba pagar mucho de impuestos, si era necesario evadirlo lo iba a hacer, ya que se beneficiaban ambos económicamente, más allá del riesgo que esto implicaba para ambas partes, así que Phil aceptó sin dudar, sin preguntar qué porcentaje le abonaría vía transferencia bancaria y qué porcentaje en negro.

Por otra parte, ese mismo día el contador fue a abrir una caja fuerte en el Banco del gerente, con la intención de averiguar hasta qué punto él podía jugar a favor de los negocios de Frank y además conocer de los beneficios que tenían el grupo de empresarios vinculado con él. Por eso el contador fue con un maletín con varios objetos de gran valor como piedras preciosas, oro, y cuadros valiosos comprado con el dinero de los «pitufos».

- ¡Qué tal!, soy el socio de John -dijo Richard
- Mucho gusto, soy el gerente. ¿En qué lo puedo ayudar?
- Quisiera abrir una caja de seguridad para guardar algunos objetos de valor.
- Si es para John será un costó muy bajo. ¿Qué tamaño? ¿Pequeño, mediano o grande? –pregunto el gerente con amabilidad.
- Una caja grande, por favor. ¿Existirá la posibilidad de abrirla hoy mismo?
- Por supuesto. No hay ningún problema.
- ¡Muchas gracias!- dijo Richard.

Mientras el gerente lo acompañaba desde su oficina hasta el cuarto de las cajas de seguridad, la conversación seguía su curso:

- ¿Cómo van los negocios? escuché que tienen mucho talento para esto -preguntó el gerente.
- Hasta ahora los resultados nos están favoreciendo. Esperamos seguir con la misma suerte en el futuro- dijo Richard.
- ¡Cuánta humildad! John dijo que solo trabaja con los mejores.
- Jajaja… Seguramente John se refería a nuestros jefes.
- No sabía que ustedes tenían jefes. Pensé que no respondían a nadie, solo a sus clientes -dijo el gerente.
- John y yo somos los responsables y representantes de sus negocios en Nueva York, pero estos sujetos no se encuentran aquí. Seguramente en un futuro muy cercano ellos vengan a ver cómo marchan sus negocios.

- Cada vez que hablo con John me causa más intriga saber quiénes son esos sujetos… ¿realmente son unos genios de las finanzas? –pregunto el gerente, cada vez con más ganas de conocer a los jóvenes de F.S.B
- Algo más que eso, sin pisar Nueva York ellos conocen los movimientos de todas las personas que integran sus negocios vinculadas directa o indirectamente.
- ¿Entonces ellos ya me conocen? yo guardo su dinero, estoy involucrado de alguna manera en sus negocios.- dijo el gerente sonriendo de una manera irónica.
- Tal vez ellos conozcan toda su vida y su rutina, desde que despierta por la mañana hasta que se acuesta por la noche, tal vez ya hayan pensado alguna forma de hacer negocios con usted y tal vez no sea coincidencia que John y yo vengamos a este Banco -dijo Richard seriamente.
- Bueno, tienen las puertas abiertas para poner su dinero en mi Banco- dijo el gerente mientras dejó de sonreír sin saber si se trataba de un chiste o en verdad ya era parte de su juego.
- Voy a hablar con ellos para intentar que traigan su dinero a este Banco. ¿Pero qué beneficios extraordinarios podría ofrecerles? -preguntó Richard.
- Teniendo en cuenta los montos tan importantes que manejan, puedo ofrecerles tasas de interés diferencial, bajos costos financieros en sus transacciones y de ser necesario cajas de seguridad sin costo –le respondió el gerente.
- Necesitamos algo más. Estoy seguro que ellos se terminarán de convencer en traer todo su dinero aquí.
- Dígame, si está a mi alcance estaría encantado de ayudarlos.
- Necesitamos cuentas puentes en el exterior y en Nueva York para minimizar costos fiscales.

Era obvio que tanto el contador mismo como el gerente sabían que era una excusa la baja de los costos fiscales, su verdadera intención era cambiar el origen y el rastreo de los fondos provenientes de los paraísos fiscales.
A pesar de entender perfectamente lo que necesitaba y lejos de asustarse o rechazarlo el gerente dijo:

- Podría hacer alguna excepción, tengo contactos en las Bahamas, Chipre, las Islas Caimán y Gibraltar, además el Banco tiene sucursales en todo el país.
- Entonces creo que definitivamente haremos grandes negocios. Hoy mismo me comunicaré con ellos para darles la noticia – contesto Richard creyendo que ya había hecho un pacto.
- Espere un momento, no tan rápido, antes de hacer trato quiero conocer personalmente a tu jefes.
- Pero ellos se encuentran en otro país actualmente.
- Lo siento, no hago negocios con personas que no conozco y mucho menos si se encuentran en otro país- dijo el gerente con firmeza.
- De acuerdo, haré todo lo posible para vuelvan a Nueva York- dijo Richard, aunque sabía que ya no podía seguir negociando él solo.

Al salir del banco Richard fue a hablar con John de la charla que había tenido con el gerente. Para él fue una excelente noticia ya que si Frank y el gerente llegaban a un acuerdo John podría finalizar su trabajo. Así que decidió llamar a Frank y contarle la situación.

Lo primero que le dijo es que tal vez existía la posibilidad de acelerar todo el proceso para traer el dinero por medio del gerente del Banco.

- ¿Cómo sería la metodología? -preguntó Frank
- La idea es que el dinero pase por varias cuentas puentes de diferentes partes del mundo hasta llegar a Nueva York.
- Es una excelente idea, te felicito John- dijo Frank.
- Gracias, pero la idea fue de Richard, a él deberías agradecerle, pero igualmente es muy temprano para alegrarte -dijo John.
- ¿Cuál es el problema? -preguntó Frank.
- El gerente quiere conocerte personalmente, de lo contrario no habrá trato. Debes venir a Nueva York, en realidad Samuel y Brian también deberían venir a Nueva York.
- ¿Crees que es un buen momento para volver? ¿Cómo está la situación allá? ¿Puedes ocuparte del tema legal de Samuel y Brian? También quiero saber si Axl nos está vigilando o saber algo al respecto.

- A lo que respecta la justicia puedes quedarte tranquilo, Charles reconoció la culpa de todos los cargos y la justicia no los busca. En cuanto a Axl, hace mucho tiempo que no tengo noticias de él -le respondió John.
- Mis detectives también han perdido rastros de él, parece que se lo trago la tierra -dijo Frank.
- Mi consejo es que si vienen, lo hagan con custodia e investiguen un tiempo más para saber algo de Axl. Creo que puede ser bastante peligroso -dijo John.
- Creo que esperaré un tiempo más, mientas tanto hablaré con Brian y Samuel, tal vez esperemos que termine el proyecto inmobiliario, podemos ingresar gran parte del dinero ahí, luego intentaremos negociar con el gerente del Banco para terminar de pasar el resto del dinero.
- De acuerdo, te mantendremos al tanto de la situación -dijo John.

John a pesar de odiar a Frank por obligarlo a trabajar forzosamente y de forma extorsionada sentía una gran admiración por él, ya que era envidiable la manera en que tomaba decisiones a largo plazo con la paciencia y tempestad que lo caracterizaban.

Al día siguiente el contador llamó al gerente para informarle que por el momento Frank no vendría a Nueva York, a lo que el gerente le respondió que iba a esperar, no tenía prisa.

En un abrir y cerrar de ojos pasó un año y el edificio se estaba por inaugurar. Después de pensarlo y consensuarlo llegaron a la conclusión de que Axl no podría hacerles ningún daño. Así que los tres jóvenes decidieran volver a Nueva York para la inauguración del edificio. Además iba a ser el momento perfecto para conocer al gerente del Banco.

VI. CUANDO LOS SENTIMIENTOS PRIMAN SOBRE LA RAZON

Finalmente después de tanta espera el día de volver a casa llegó. Frank, Brian y Samuel llegaron a Nueva York. En el aeropuerto los esperaban Richard y John para dar un paseo.

Lo primero que hicieron fue recorrer todas las propiedades, la cadena de restaurantes y la fundación que habían creado. Los jóvenes estaban impactados, era deslumbrante el gran trabajo que habían hecho John y Richard, pero mayor impacto les causo al ver el edificio que se inauguraría al día siguiente, miraron hacia arriba y vieron esa deslumbrante obra arquitectónica de 20 pisos. No podían creer que ellos mismos eran los propietarios y creadores de tal edificio. El sentimiento de omnipotencia y de pensar que eran capaces de cualquier cosa se volvió a apoderar de ellos.

Su primera noche decidieron pasarla allí en el edificio, ellos tres solos. Mientras John y Richard organizaban la inauguración.
A pesar de estar muy exhaustos por el viaje, esa noche no pudieron dormir los tres jóvenes, tenían mucha ansiedad, bajaban y subían por los ascensores y las escaleras recorriendo todo el edifico y mirando la ciudad por las ventanas de cada habitación.

Al día siguiente al momento de la inauguración se encontraban presentes John, Richard, el arquitecto y su equipo de trabajo, el gerente del Banco y todos los empleados que estarían a cargo del hotel para la inauguración.

Al finalizar la inauguración John le presentó los tres jóvenes al gerente del Banco y comenzaron una charla de negocios:

- ¡Pero son muy jóvenes! ¿En verdad son los dueños de este edificio? –dijo el gerente.
- Muchas gracias por los halagos, pero no lo podríamos haber logrado sin la colaboración y el esfuerzo de John y Richard -le respondió Frank.
- Es realmente increíble, será un placer hacer negocios con ustedes -dijo el gerente.

- Estoy seguro que todos saldremos beneficiados -dijo Frank.
- Bueno, hablemos de detalles, supongo que John ya les habrá comentado de qué se trata el negocio -dijo el gerente.
- Sí, por supuesto. Puede hablar sin pelos en la lengua, somos todo oído -dijo Frank
- Primero debe decirme qué cantidad de dinero quieres traer a Nueva York exactamente -aclaró el gerente.
- Entre $1.100 y $1.200 millones de dólares -dijo Frank mirando a Brian y Samuel, mientras ellos le afirmaba con la cabeza que estaba en lo cierto.
- ¿Era necesario el millón que me pediste? -preguntó el gerente irónicamente a John, mientras abría los ojos bien grande.
- Era más que necesario, tal vez indispensable. Sin ese préstamo no podríamos haber avanzado con la construcción de este edificio o tal vez se hubiera demorado mucho más tiempo -le respondió Frank.
- Creo que en aproximadamente un año podríamos transferir esa cantidad de dinero con diferentes mecanismos. Primero necesito saber cuáles son sus fuentes de ingreso aquí en Nueva York -preguntó el gerente.
- La cadena de restaurantes, la franquicia, la fundación, algunos inmuebles y este pequeño hotel -le respondió Richard.
- Ok, les explicare cómo será el proceso: yo recibiré el dinero en cuentas de clientes, las cuales tienen mucho dinero y los movimientos de fondo no les generarán muchas complicaciones, obviamente a estas personas habrá que darles alguna comisión y a esto le tendrán que sumar mi comisión. Este será el primer paso para traer el dinero. El segundo paso será trabajo para Richard, que deberá declarar el dinero en forma de donaciones a las fundaciones, también deberán declarar que el hotel se encuentra ocupado casi las 24 horas del día con casi al 100 % de su capacidad, para aumentar la facturación y por último deberán ir a mi Banco a pedir otro crédito hasta que alcancen el monto estipulado.

Los tres jóvenes se miraron en la sala unos a los otros y se dieron cuenta que el gerente era un maestro del tema.

- ¿Cuál es su comisión exactamente? -pregunto Frank.
- 20 %, en realidad el 10 % es para mis clientes que prestan las cuentas. Este porcentaje no es negociable -dijo el gerente.

Frank miró a sus amigos que le extendieron el pulgar, parecía un trato bastante justo.

- De acuerdo. ¿Cuál será el primer paso? – preguntó Frank.
- Mañana mismo vayan a mi Banco a abrir una cuenta y depositar una importante suma de dinero, la jefa de tesorería los atenderá. Yo mañana me reuniré con el comité ejecutivo del Banco, no estaré en la sucursal -les aclaró el gerente.
- De acuerdo -dijo Frank- .Mañana empezaremos los trámites.

Al día siguiente a primeras horas Frank fue al Banco a cumplir con las directivas del gerente, pero se iba a llevar una gran sorpresa, nada relacionado con los negocios ni las inversiones.
La jefa de tesorería del Banco era Flor, su amor de la adolescencia, hacía más de diez años que no la veía, pero le volvió a despertar aquellos sentimientos poco controlables.

- ¡Qué tal! ¿En qué lo puedo ayudarlo caballero? -preguntó Flor. Aún no lo había reconocido a Frank.
- ¿Flor, eres tú? ¿Eres la prima de Brian? -preguntó Frank con una gran sonrisa en su rostro y brillo en sus ojos.

Después de mirarlo unos segundos, Flor recordó y preguntó:

- ¿Eres tú Frank? -pregunto Flor algo sorprendida.
- Sí, soy yo. Me alegro mucho de volverte a ver.
- A mí también me da mucho gusto. ¡Cómo ha pasado el tiempo¡ ¿En qué te puedo ayudarte? –preguntó Flor.
- Tengo que abrir una cuenta y depositar algo de dinero.
- Viniste al Banco indicado -le respondió Flor.

Mientras Flor le explicaba todos los pasos para abrir una cuenta, Frank se había quedado hipnotizado con su mirada, con su sonrisa, como hace algunos años. Parecía que el tiempo no había pasado.

Al finalizar la conversación y despedirse, Frank miró las manos de Flor y vio que no tenía ningún anillo de compromiso, pensó que tal vez estaba a tiempo, lo que le dio algo de esperanza de tener una oportunidad con ella.
Al salir del Banco, Frank llamó a Brian para reprocharle por qué no le había dicho nada que Flor trabajaba en el Banco. La verdad es que Brian nunca había sabido nada más de ella, desde que empezaron a trabajar en F.S.B.

Brian le aconsejó a Frank que sería mejor que Flor se mantenga alejada de todo esto, pero Frank no lo escuchó.
Al día siguiente Frank llevó los papeles que le faltaban para abrir la cuenta y lo atendió nuevamente Flor.

- Que tal Flor, traje todos los papeles que me hacían falta –dijo Frank
- De acuerdo, parece que está todo en orden. ¿Cuánto quieres depositar?- preguntó Flor.
- $10.000.000 de dólares -respondió Frank demostrando seguridad.
- Parece que te ha ido bastante bien -dijo Flor más que sorprendida, sonriente y mirándolo a los ojos.
- En algunos aspectos de mi vida sí, en otros no tanto -le respondió Frank.
- ¿Y en qué cosas no te ha ido como te gustaría? -preguntó Flor con una voz seductora.

Frank sin responder esa pregunta tenía la sensación de que Flor estaba coqueteando con él, realmente no lo podía creer, aunque con tanto dinero generalmente las mujeres se les acercaban con bastante frecuencia, pero este era un caso especial.
Después de esta pequeña charla, Frank invitó a cenar a Flor, quien accedió sin dudarlo mucho.
Frank salió del Banco olvidándose de todos los problemas de negocios, sintiendo una felicidad absoluta, pero en ese instante fue interrumpido por un llamado… era el gerente para informarle que lo habían nombrado presidente del Banco y a partir de ahora iba a tener a cargo ciento de sucursales y todo el mecanismo iba a ser más ágil.

Además el gerente, actual presidente electo del Banco, le dio indicaciones para empezar a transferir dinero a una serie de cuentas para luego ser devuelto como dinero limpio.
Frank les delegó la tarea de transferir dinero a Brian y Samuel, ya que él solo pensaba en su cita con Flor.
A la noche Frank fue a buscar a Flor para ir a cenar y ahora parecía que ella estaba más enamorada de él que él de ella, pero durante la cena Frank le ocultó muchas cosas. No le dijo que había estado en prisión ni tampoco de sus fraudes, y obviamente tampoco le dijo que en la actualidad estaba lavando dinero, mientras que Flor dijo haber estado arrepentida de haberlo rechazado hace más de 10 años. Flor también le comentó que era bastante adicta al trabajo y vivía para ello, vivía para el Banco y que su principal objetivo era ser gerente.
Frank le dijo que tal vez podría hacer algo para cumplir su meta.

- ¿De qué estás hablando exactamente?- preguntó Flor.
- Conozco un directivo de este Banco, pero no te ilusiones. Veré que pueda hacer –le respondió Frank, sin saber cuál sería el costo de cumplir con esa promesa.

Flor le dio un beso y lo abrazó. A partir de ese momento empezaron a tener una relación amorosa que Frank prefirió mantenerla en secreto hasta tanto termine con sus negocios.
Al pasar los días el plan marchaba perfecto. Frank y sus amigos transferían millones por semana desde los paraísos fiscales a Nueva York a las cuentas bancarias de los clientes del presidente del Banco y luego se transferían al resto de sus negocios.

Unos días después Frank le pidió como favor al presidente del Banco el puesto de gerente para Flor. El presidente la conocía perfectamente a Flor y sabía que tenía actitud y aptitud para ocupar el puesto, pero era muy joven aún. Frank le propuso que si aceptaba, le daría 5 % más de comisión de sus negocios. El presidente le respondió que iba a ver qué podía hacer, esta medida les puede molestar mucho a otros candidatos a gerentes mayores y también a otros directivos.

- Un 10 %, es más dinero del que puedes ganar en 10 años- dijo Frank insistiendo.
- Haré todo lo posible -dijo el presidente -puedes confiar en mí.

Una semana después Flor fue designada gerente del Banco, Frank solamente quería verla feliz a ella y lo había conseguido. Así que Frank llamó al presidente para agradecerle el favor y el presidente le respondió:

- No es un favor, es un trato. Recuerda: el 10 % de tus negocios más el 20 % de lo pactado.
- De acuerdo -dijo Frank, mientras que a esas instancias ya no le interesaba tanto el dinero.

Pasaron los meses y Frank siguió saliendo con Flor, ocultándole siempre la parte oscura de su vida, mientras tanto el dinero seguía entrando como agua a las cuentas de Frank y sus amigos pero este paraíso llegaría a su fin.

Un día como cualquier otro Frank, Brian y Samuel recibieron un mensaje del presidente del Banco para encontrarse en el hotel con urgencia dentro de dos horas. Los jóvenes intentaron comunicarse con él para saber cuál sería el asunto, pero daba ocupado así que decidieron ir y esperarlo ahí adentro.
Una vez que habían llegado se encontraron todos en la planta baja: Frank, Brian, Samuel, el presidente del Banco, John, Richard y el arquitecto que construyó el edificio.

- ¿Qué sucede? -preguntó Frank al presidente.
- ¿Cómo? Ustedes me llamaron a mí -respondió el presidente.
- Yo recibí un mensaje de John que venga inmediatamente, que era un asunto de suma urgencia -dijo el arquitecto.
- ¿Qué demonios pasa aquí? -preguntó John exaltado.

En ese momento comenzó a oírse la sirena policial y vieron a través de una ventana al FBI acercándose. Un estado de confusión e inquietud se apoderó de cada uno de los participantes de la reunión, quienes se vieron de pronto sorprendidos por una aparente traición.

Mientras tanto la policía tenía rodeado el hotel. Agentes encubiertos de la CIA habían pinchado los teléfonos de las personas involucradas en los negocios de Frank. Tenían pruebas contundentes que los involucraban a cada uno de ellos.

La realidad es que Flor los traicionó, tenía demasiada información de Frank, las transacciones en las cuentas bancarias carecían de sentido y empezó a investigar y descubrir que Frank había estado preso, descubrió los fraudes de F.S.B. y también descubrió que el presidente del Banco estaba involucrado en todo esto. El resto era trabajo para el FBI, la CIA, y el IRS, quien Flor siempre colaboró con ellos.

Flor no quería ser parte de este juego y tampoco quería dejar su puesto, así que creyó que esta era la única alternativa posible.

Tal vez no importa qué tan fuertes, inteligentes o poderosas sean las personas, siempre van a estar condicionadas por sus sentimientos, este sentimiento tal vez sea un arma de doble filo el cual pudo ayudar a Frank a crear un imperio, pero también este sentimiento tuvo la capacidad de destruir el mismo.

Después de que Axl sufrió la gran estafa, él ya no era una persona poderosa y no podía hacerles mucho daño a Frank y a su equipo, solamente fue un fantasma el cual le dieron más importancia de la que correspondía.

FIN

CAPITULO II

HERRAMIENTAS DEL INVERSOR

I. INTRODUCCION

Las herramientas de inversiones tienen el fin de facilitar la realización de las tareas para cumplir con su objetivo que en términos generales podríamos decir que es obtener una renta en el futuro. Cada herramienta que se describe en este capítulo puede ser un mercado, los bienes que se negocian en él, sus estrategias para hacer más eficientes las operaciones y otros factores externos e internos que influyen a la hora de realizar una inversión.

Cabe destacar que este conjunto de herramientas son solo algunas de las que debe tener presente el inversor para tener éxito o mejor dicho para aumentar sus probabilidades de conseguir buenos resultados, pero existen un sinfín de otras herramientas que podrían beneficiar a cada inversor.

El siguiente listado de herramientas representa un marco teórico que le ayudara al inversor de cualquier nivel a moverse con mayor fluidez y libertad en cualquier mercado, tomando decisiones a conciencia y asumiendo riesgos de manera perspicaz.

Algunas de estas herramientas no nos ayudara a ganar dinero, pero si a prevenir estafas y fraudes, como el lavado de activos o el sistema Ponzi. Otras herramientas pueden utilizarse en casi cualquier mercado y con diversos activos como los simuladores de clientes, las técnicas de negociación o ventas y la psicología del inversor que juega un papel relevante en todas las etapas que pueda atravesar un inversor.

II. EL MERCADO ELECTRONICO

El mercado electrónico es considerado como una plataforma online en la cual se encuentran compradores y vendedores en busca de diferentes productos y servicios, como pueden ser directorios, anuncios clasificados, tiendas online, Criptodivisas, Servicios de micropagos, Exchanger y procesadores de pago, Servicios FreeLancer, el negocio multinivel, Webs PTC, Redes sociales y la publicidad online de editores y anunciantes.

La principal ventaja del mercado electrónico es poder realizar transacciones de manera rápida y eficiente con comerciantes y clientes de cualquier lugar del mundo las 24 horas del día, además de reducir gastos tanto para la distribución o adquisición de cualquier producto o servicio que deseemos adquirir, como así también publicitarlos.

A continuación se describen 8 herramientas aplicables en el mercado electrónico las cuales son accesible a cualquier tipo de inversor o emprendedor, pudiendo beneficiarse con ellas de forma directa, si las utiliza específicamente para obtener una renta o de forma indirecta en el caso que las utilice para realizar transacciones o complementar otro negocio.

2,1. EL BITCOIN Y LAS CRIPTODIVISAS

El Bitcoin es una moneda electrónica descentralizada creada en 2009 por Satoshi Nakamoto que a diferencia de otras monedas fiduciarias como el dólar, la libra esterlina o el euro no existe en un formato físico, sino que esta se encuentra en la red P2P en forma de bloques que es un registro en la cadena de bloques que contiene confirmaciones de transacciones pendientes. Aproximadamente cada 10 minutos, en promedio, un nuevo bloque que incluye nuevas transacciones se anexa a la cadena de bloques a través de la minería. Luego pueden ser almacenados en una especie de billeteras electrónicas, webs de alta seguridad que almacenan Bitcoins o Brókers de Bitcoins que se encargan de comprar y vender esta moneda, de la misma forma que lo hacen las bolsas de valores de todo el mundo o los Brókers de FOREX.

Dentro de las principales características de esta moneda podemos nombrar las siguientes:

- No se encuentra regulado por ningún gobierno, ni organismo de contralor;
- Es imposible su falsificación gracias a su encriptación;
- Las transacciones son inmediatas e irreversibles;
- Las transacciones son anónimas;
- Se puede utilizar en tiendas online y en el mercado electrónico.

Si bien estas características mencionadas parecen ser bastantes positivas para los usuarios de la moneda, también es cierto que muchos gobiernos y Bancos están en contra de su implementación, por el simple hecho de no poder fiscalizar a los contribuyentes y tampoco tener acceso a sus negocios, lo que puede brindarle una herramienta para el lavado de dinero a quienes operen en este mercado.

En cuanto a su cotización podemos decir que el valor del Bitcoin se aprecia y deprecia por factores similares que hacen variar el precio de cualquier otra moneda fiduciaria como por ejemplo la oferta y la demanda, su emisión, la inflación, etc.

Por último hay que destacar que existen diversas formas de conseguir Bitcoins, las más importantes son las siguientes:

a) *En un pool*. En este caso necesitamos contar con tecnología para minar, la cual se vuelve cada día más difícil y requiere mayores recursos tecnológicos;
b) *En Exchangers y procesadores de pago*;

c) *En Brókers de Bitcoins* (algunos Brókers de FOREX también lo utilizan);
d) *En tiendas en línea.*

Debido al gran éxito que consiguió esta moneda y con la rapidez que ha logrado imponerse en el mercado, han surgido monedas de similares características al Bitcoin como Ripple, Namecoin, Litecoin, etc.

Cabe destacar que el inversor puede utilizar los Bitcoins y las Criptodivisas para beneficiarse de forma directa, como por ejemplo especulando con la compra de esta moneda con el fin de que aumenta su valor en el futuro. También puede beneficiarse de forma indirecta como por ejemplo aceptando Bitcoins en el caso de que posea una tienda para las ventas de sus productos

El sitio web «*http://www.coinmarketcap.com*» se encarga de mostrar las cotizaciones de estas monedas, el volumen y montos de transacciones realizadas.

2,2. SERVICIOS DE MICROPAGOS

Son sistemas utilizados para realizar pagos/cobros de montos pequeños y de forma electrónica, como pueden ser tarjetas de teléfonos prepagos, cuentas virtuales en internet o a través de mensajes telefónicos (SMS).

Los servicios de micropagos suelen utilizarse en el ámbito del comercio electrónico. Por ejemplo para la autorización de lecturas de archivos, ingresar a alguna clase de foro con limitaciones de información, descargas de música, videojuegos y cualquier otro servicio de información que pueda brindar una página web a sus usuarios. Se pueden diferenciar las siguientes clases de servicios de micropagos:

Prepago: el cliente (o usuario) obtiene una tarjeta de prepago o cuenta virtual, la cual se puede utilizar para realizar compras, depósitos y transferencias de dinero, garantizando tener un saldo controlado de las transacciones de micropagos ejecutadas a través de este sistema, que a su vez se distinguen los siguientes formatos.

a) Dinero electrónico: también conocido como dinero digital o e-Money, hace referencia al dinero que se intercambia solo de forma electrónica. El término de dinero electrónico también es utilizado para referirse al proveedor del mismo o al Exchanger utilizado.

b) Sistemas de puntos y descuentos: Los clientes le pagan al proveedor del sistema cierta cantidad de dinero, denominado «puntos», que son transferidos a los clientes en sus compras, las cuales pueden utilizarse para realizar pagos de manera completa o conseguir descuentos, dependiendo de la cantidad de puntos disponibles.

c) Cuentas virtuales: En este caso el cliente adquiere un monto de dinero virtual que puede utilizarse para el pago de distintos servicios, muchas veces limitados a una sola empresa. El ejemplo más común son el de las tarjetas telefónicas o Boucher de depósitos, en la cual el cliente a través de un código que se encuentra en forma oculta en la misma tarjeta o Boucher accede a una cuenta o monto disponible que puede utilizarse para un determinado objetivo. En este caso el cliente adquiere un monto de dinero virtual para pagos de diferentes servicios online u offline.

Sistemas e-metal: funciona de manera similar al sistema de dinero electrónico, pero en vez de obtener una cuenta virtual en alguna divisa se obtiene un monto de algún metal precioso como oro, plata, etc.

Billing: en el caso de los sistemas Billings son realizados varios pagos, los cuales se acumulan y después de superar determinada cantidad o superando un periodo de tiempo establecido, se cobran a través de transferencia tradicional, como por ejemplo transferencia bancaria, una factura o débito automático.

Estos sistemas funcionan como una factura telefónica, pero posibilita una variedad de pagos de servicios más amplia.

Telefonía celular: En este caso el cliente realiza una transferencia online a través del celular y obtiene así un monto virtual para el pago del servicio o simplemente puede realizar sus pagos en forma conjunta con la factura telefónica.

A continuación se enumeran algunas características a tener en cuenta en los sistemas de Micropagos en general.

- Ofrece la posibilidad a los compradores de realizar pagos seguros y rápidos.
- El vendedor que ha recibido dinero electrónico a cambio de una contraprestación, puede en cualquier momento solicitar el reembolso ante una negligencia.
- Se establece que el dinero electrónico es un sustitutivo de las monedas y billetes del Banco.

2,3. TIENDAS ONLINE

En el mercado electrónico la implementación de tiendas online fue una necesidad del nuevo mundo globalizado y conectado, que exige cada vez más estar a la altura de las circunstancias en cuanto al manejo de la velocidad de la información y los requerimientos de los usuarios y vendedores de diferentes productos y servicios que podemos conseguir allí.

Ya no es necesario ir inmobiliaria por inmobiliaria en busca de un departamento para alquilar o a concesionarias para ver cada auto. En la actualidad este proceso de búsqueda se puede agilizar mucho más rápido vía internet, publicados en las tiendas online y permitiendo al cliente quien busque un producto de acuerdo a sus necesidades y no sea el vendedor quien imponga de una manera amable con sus productos limitados y la retórica que los caracterizan.

Para ser más extensos vamos a incluir las siguientes plataformas en la categoría de tiendas online:

- Plataformas webs de servicios y bienes muebles para locación y venta;
- Plataformas web que publiquen solamente automóviles y concesionarias;
- Plataformas webs que publiquen ofertas de empleo, CV, empresas y agencias de recursos humanos;
- Plataformas webs que publiquen inmuebles para venta y locación, además de inmobiliarias;
- Plataformas webs que publiquen instituciones privadas que brinden cursos y carrera de todo tipo;
- Cualquier plataforma web con prestaciones similares a las anteriores.

Una de las clase de ventas (o estrategia) que les permite a los comerciantes que compran y venden en las tiendas online es a través de una especie de «venta en corto». Esto significa que pueden primero vender y después comprar, ya que no es necesario tener stock a la hora de realizar la venta.

Al existir muchas clases de tiendas online en todo el mundo podemos hacer colocaciones de un producto a un precio preestablecido más alto del que lo podemos conseguir en otra tienda o incluso en la misma tienda con diferente vendedor.

Obviamente hay que tener en cuenta los factores de tiempo, entrega y demora de cada tienda, la comisión que nos cobra, los procesadores de pago, las tarjetas de crédito y demás impuestos que correspondan abonarse dependiendo del país que te encuentres.

A principios de 2016 las tiendas online líderes según usuarios registrados, y montos de ventas son Ebay y Amazon en Estados Unidos y Europa, Mercado Libre en América Latina y Alibaba en Asia.

Estas tiendas utilizan el modelo de negocio denominado C2C, el cual pretende relacionar directamente al comerciante con el usuario final. Ya que los productos y servicios no son propiedad de estas tiendas, sino que estas actúan como intermediarios entre compradores y vendedores. Estas tiendas cobran una comisión por la compra/venta de las operaciones que realizan sus usuarios o un monto fijo por determinada clase de publicaciones. Además de esta clase de tiendas Premium existen muchas más que permiten publicar de forma gratuita, financiándose con publicidad externa.

Es aconsejable antes de realizar transacciones en estas tiendas que se conozca su política de privacidad que aclaran dudas sobre los límites de publicaciones, políticas de reembolso, procesadores de pagos que aceptan dependiendo del país donde reside cada comprador y vendedor y cualquier otra inquietud que puedan tener sus usuarios.

En este sector la confianza es un factor indispensable, tal como lo es en una tienda física. Generalmente todos los datos de los vendedores son tenidos en cuenta y acumulados para que los potenciales compradores tengan en cuenta con quien están haciendo negocios. Esta confianza que se ganan quienes venden en las tiendas online les da la posibilidad de vender productos más fácilmente, inclusive productos intangibles como pueden ser saldos en casas de apuestas, Bitcoins, saldos en monederos electrónicos o libros y cursos en formato digital.

Por otra parte debemos tener precaución al realizar operaciones con usuarios nuevos o con muchas calificaciones negativas, tanto si usan las tiendas online como un complemento de su negocio o si realizan 100 % de todas sus operaciones en este formato.

Como conclusión final hay que aclarar que si queremos vender hay que ser sincero con los clientes en todos los aspectos como el precio y la fecha de entrega del producto, realizando una publicación precisa y clara de entender para los potenciales clientes.

Hay que tener en cuenta también, que la publicidad del boca en boca es la publicidad menos costosa y más rentable que tienen las empresas, es la manera en que tus clientes se transforman en vendedores, siendo la opinión de cada venta donde se pone de manifiesto el resultado.

2,4. EXCHANGERS Y PROCESADORES DE PAGO

Es factible que muchos internautas hagan mención a los Exchangers como si fueran procesadores de pago. Si bien es cierto que los Exchangers de monedas electrónicas también pueden cumplir la función de un procesador de pago, sus objetivos principales son diferentes:

Mientras que los procesadores de pago realizan transacciones entre clientes que pueden ser usuarios particulares, casas de apuestas, plataformas de FOREX, Bancos comerciales, entre otros. La misión principal del Exchangers es el intercambio de monedas electrónicas y en algunos casos monedas de curso legal de diferentes países, commodities, inclusive saldos entre diferentes procesadores de pago.

Como puede apreciarse la función de los Exchangers es mucho más amplia que la de los procesadores de pago.

Para entender su uso práctico supongamos que tenemos $1.000 en un procesador de pago «A» y queremos depositar dinero en una plataforma de FOREX que no acepta este procesador de pago. Entonces puede utilizarse un Exchanger para transferir ese dinero en un procesador de pagos «B» para realizar el depósito, previo pago de la comisión o spread que cobra el Exchanger.

Esta práctica se ha utilizado con mucha frecuencia en la compra/venta de Bitcoins, ya que al ser una moneda muy volátil y existir diferencias de cotización de un Bróker a otro de hasta el 10 %. Muchos inversionistas se han beneficiados con el arbitraje que se producía en sus comienzos, cuando el mercado era más pequeño.

A mediados de 2013 los 3 grupos más grandes donde se negociaban Bitcoins eran MT.Gox, btc-e.com y bitstamp.net. Con una brecha de precios superior al 7 %. Era muy rentable el negocio por aquel entonces, ya que los precios se auto regulaban en poco tiempo y solamente unos pocos se podían beneficiar con esta técnica. Es decir había que buscar un Exchanger que cobre comisiones inferiores a la brecha del 7 % para asegurarse la ganancia.

Además de intercambiar saldos en procesadores de pagos, es posible intercambiar monedas electrónicas o lo que es lo mismo saldos en Exchangers.

Otra opción es intercambiar saldo entre usuarios particulares pudiendo generar una comisión a favor de quien coloque la oferta. En este caso los Exchangers no funcionan de forma automática, sino que los usuarios colocan una moneda electrónica en un panel de la web del Exchanger en el cual se intercambian con otros usuarios. Es decir un usuario elige la cantidad de saldo que ofrece a cambio de saldo en otras cuentas y la tasa respectiva de la operación.

Puede existir el caso que un usuario ofrezca más dinero del que recibirá, significa que su objetivo no es obtener una ganancia, sino conseguir saldo en un procesador diferente para darle el uso necesario que el anterior procesador no se lo permitía.

Por último hay que tener en cuenta que muchos Exchanger y procesadores de pagos no se encuentran regulados por ninguna institución gubernamental para garantizar liquidez y transparencia en los fondos de sus usuarios, por eso hay que estar muy atento para ver si estos cumplen con todos los requisitos necesarios dependiendo de la jurisdicción a la cual pertenecen.

2,5. REDES SOCIALES

Las redes sociales se han vuelto los lugares más populares a la hora de compartir experiencias, publicar servicios profesionales, dar a conocer una empresa, organizar eventos, publicitar productos y muchas otras cosas más, gracias a su fácil alcance al público donde queremos dirigirnos.

La gente que desea obtener un lucro con estas páginas ha implementado diferentes técnicas que se detallan a continuación:

Crowdsourcing: es una práctica la cual se llama a una comunidad para resolver un problema determinado, mediante una colaboración entre sus miembros. En el Crowdsourcing existen dos partes, la comunidad consultada y la empresa u organización consultante, que en el caso de que esta última no tenga ideas nuevas y originales pueden acudir a estas prácticas y los usuarios que posean cuentas en alguna red social con miles de contactos pueden ser intermediarios entre estas dos partes.

Ventas de cuentas y páginas: otra manera en la cual los usuarios se las han ingeniado para obtener ingresos extras en las redes sociales es lograr muchos seguidores (en el caso de Twitter) y muchos amigos o fans en el caso de Facebook o similares en otras redes sociales. En estos casos podemos vender las cuentas o realizar anuncios rentados para otros usuarios o empresas.

Para realizar este tipo de negocios existen sitios webs que actúan como intermediarios entre los compradores y vendedores, entre quienes desean anunciar y recibir anuncios. Algunos ejemplos de estas páginas son Fanslave, Fanporfan y Twync.

Otra alternativa muy utilizada es el caso de YouTube que nos brinda la posibilidad de hacer dinero mediante la creación de videos. Simplemente nos exige que los videos sean de nuestra propia autoría y su contenido debe ser original para poder ser admitidos en su programa de partners.

2,6. WEBS PTC

Son plataformas webs cuyo objetivo es ser intermediario entre un anunciante que desea recibir visitas y paga una suma de dinero por las visitas de sus anuncios y entre unos visitantes, quienes se registran en el sitio Web del PTC, que deben visitar la publicidad y ganan parte del dinero que pagó el anunciante.

Los usuarios registrados pueden ganar dinero de diversas formas en esta clase de sitios:

Visitando otras webs: esta es la forma principal que obtienen dinero la mayoría de los usuarios y los pagos rondan entre $0,001 y $0,01 dólar por visita.

Encuestas: los usuarios responden encuestas de diferentes empresas o del mismo sitio PTC.

Juegos: algunas PTC ofrecen juegos de azar, como por ejemplo adivinar donde se encuentra una figura y en caso de acertar, la PTC le paga al usuario lo estipulado y en caso contrario el usuario es redirigido a ver una publicidad. Este tipo de pagos es viable a las PTC, ya que el valor esperado de pagos a sus usuarios es menor del que estos cobran por la publicidad que pagan sus anunciantes.

Mini Trabajos (Tasks): son tareas que deben realizar los usuarios, como por ejemplo identificar fotos, buscar y copiar el nombre de un objeto, buscar su descripción, etc.

Además de estas alternativas las PTC ofrecen «el sistema publicitario por referidos» en el cual sus usuarios refieren a otros usuarios al sitio y cobran una comisión por realizar algunas de las actividades mencionadas previamente.

La desventaja de sus anunciantes es que los visitantes no están interesados en sus anuncios y a pesar de comprar publicidad muy barata, su eficacia suele ser a un más bajo que una publicidad convencional teniendo en cuenta la relación coste/beneficio.

Debido a la flexibilidad que permiten las PTC a sus usuarios para conseguir referidos como la utilización de banners en cualquier clase de webs o blog, también sin limitaciones, han llevado a la creación de sitios Scam o de fraudes que prometen los mismos servicios que las webs PTC, pero su único objetivo es conseguir depósitos de los anunciantes y que se registren los usuarios sin otorgar ninguna clase de beneficios a ninguna de las partes.

Las 3 PTC más confiables en 2015 teniendo en cuenta su capacidad de pago, el soporte interno y de parte del foro, su trayectoria, cantidad de usuarios registrados y montos pagados son:

- Beruby.com
- Neobux.com
- clixsense.com

2,7. LA PUBLICIDAD ONLINE

En el mercado online existen 4 sujetos que intervienen en la publicidad online:

Administradores de páginas webs: también conocidos como webs máster. Son propietarios de sitios webs quienes obtienen una rentabilidad por colocar banners o cualquier tipo de anuncios en su sitio.

Anunciantes: sujetos que dan a conocer sus productos o servicios a través de páginas webs y pagan una comisión a los administradores de páginas webs o a los intermediarios.

Público: estos sujetos son quienes visitan la web y es necesario categorizarlos de diferentes maneras para obtener una publicidad más eficiente, como puede ser, según su género, edad, intereses, lugar de residencia, etc.

Intermediario: es el encargado de mediar entre los administradores de páginas webs y los anunciantes, haciéndose cargo de colocar las publicidades de los anunciantes en la web, cobrando una comisión por ello.

Durante muchos años las empresas destinaron gran parte de sus ingresos a la publicidad ortodoxa (y lo siguen haciendo) como la televisión, la radio y carteles en avenidas. Pero la llegada de internet ha revolucionado estas prácticas, sumándose nuevas alternativas más eficaces y económicas. Pero en algunos casos las prácticas publicitarias son pocos formales y a pesar de tener buenos resultados no son moralmente aceptadas por la sociedad, como pueden ser las siguientes:

El Spam: son correos electrónicos enviados de forma masiva con contenido inapropiado o publicidad no solicitada por los receptores.

Solicitantes en masa: se utiliza tanto en el ámbito online como fuera de internet. Se trata de que una cantidad de personas soliciten determinado producto en diferentes tiendas potenciales que podrían comercializar dicho producto, luego de pasados unos días o semanas aparece el vendedor ofreciéndole a las tiendas el producto que los supuestos clientes estaban buscando.

Propietarios de sitios webs:

En caso de poseer un sitio web existen diversas formas de rentabilizarlos relacionados con la publicidad, como pueden ser las siguientes:

Banners que pagan por impresión de páginas vistas: Se cobra un monto fijo por cantidad de páginas vistas en la web donde se encuentra el banner.

Banners de pago por click: En este caso es necesario que los usuarios hagan click en el banner y visiten la web publicitada.

Banner por registro o sistemas de referidos. En esta situación, los usuarios además de hacer click en los banners, es necesario que se registren en la web de destino, realicen algún depósito, una compra o una determinada tarea.

Esta última clase de banner generalmente los crean las salas de apuestas de póker, apuestas deportivas, tiendas online C2C para vender sus productos, Brókers de Forex, procesadores de pago y páginas que pagan por click.

En el caso de sitios webs que generen contenidos didácticos y original pueden utilizar el servicio de YouTube, con la idea de crear un canal de videos, de esta forma un gran parte de los usuarios que vean sus videos visitaran el sitio web, además pueden utilizar la plataforma de google adsense, cobrando una parte de la publicidad.

Márgenes de ganancias de los sitios webs:

Las variables a tener en cuenta a la hora de conocer mejor el mecanismo para rentabilizar una web están relacionadas con la cantidad de público que nos visita y sus intereses. En base a estas variables se puede buscar un patrocinador y establecer cuál será la más rentable.

Para analizar esta clase de datos Google nos brinda «Google analytics» una poderosa herramienta que nos ofrece información sobre como los visitantes utilizan el sitios web, como por ejemplo de donde proviene el tráfico, cuanto tiempo están en el sitio, que sectores del sitio visitan, etc. De esta forma podemos tomar medidas para que sigan visitando el sitio y cumplir con nuestros objetivos.

Para concluir con este tema la siguiente tabla nos muestra algunas de las páginas que son un nexo entre los administradores de páginas webs y anunciantes con el objetivo de poder llevar a cabo el negocio entre ambas partes, sin necesidad que exista un contrato directo entre ellos.

Nombre	Sitio Web
Google para Webs Masters	https://www.google.com/adsense
Google para Anunciantes	http://www.google.com/adwords
Chitika	http://www.chitika.com/
Exoclick	http://www.exoclick.com
Clicksor	http://www.clicksor.com

2,8. SERVICIOS FREELANCER Y EL NEGOCIO MULTINIVEL

Es una plataforma web que se encarga de unir a los prestadores y prestatarios de servicios independientes que pueden ofrecerse a través de internet.

Los prestadores del servicio deben crear una cuenta y decidir la clase de servicios que ofrecerán. Algunos de estos servicios pueden ser los siguientes.

- Clases de idiomas a través de Skype o plataformas similares;
- Diseño y programación web;
- Venta y marketing;
- Toda clase de cursos.

El termino FreeLancer hace referencia a un trabajo autónomo sin relación de dependencia. Este término suele presentar confusiones con la publicidad de internet «trabaje desde su casa» que se utiliza para toda clase de negocios y generalmente con un modelo de negocios multinivel la cual implica que los vendedores son retribuidos no solo por la venta que ellos mismo generan, sino también por la venta generada por los vendedores que forman parte de sus referidos.

III. EL MERCADO BURSATIL

El Mercado bursátil, Mercado de valores o también llamado «La Bolsa» son instituciones que reúne a oferentes y demandantes de valores negociables. Su objetivo es poder financiar a empresas y Estados a través de la emisión de diferentes clases de valores, los cuales son adquiridos por inversores y empresas. En este mercado existen 5 participantes básicamente a saber:

1) Los oferentes de valores: son las empresas o Estados que emiten instrumentos bursátiles, con el fin de poder conseguir algún tipo de financiación.

2) Los demandantes de valores o inversores: son personas físicas o empresas adquirentes de los instrumentos bursátiles en busca negocios con buena rentabilidad.

3) Intermediarios: Es el agente de bolsa, sociedad de bolsa o Bróker, quien tiene autorización para asesorar o realizar directamente inversiones o transacciones de valores en estos mercados.

4) La Bolsa de Valores: Es la institución done se negocian los valores y se unen a los oferentes y demandante.

5) El ente Regulador: Es una entidad estatal, cuyo objetivo es otorgar transparencia en los mercados de valores, velar por la correcta formación de precios y proteger las transacciones de los inversores.

A continuación se pasara a describir algunos de los instrumentos que se negocian en el mercado de valores y algunas de las estrategias más utilizadas por los inversores y así entender mejor su funcionamiento.

3,1. BONOS

Son títulos que representan un préstamo de dinero por parte del bonista hacia la empresa (bonos privados) o hacia el gobierno (bonos públicos).

Poseen un tiempo preestablecido de vencimiento y una tasa de interés implícita, dado por la diferencia entre el pagado al momento de la adquisición y el cobrado al final del periodo. Es de gran importancia conocer al emisor del bono, ya que este será nuestro deudor y como tal debemos saber cuál es su situación económica y financiera.
En el caso de corporaciones lo podemos averiguar a través del análisis de sus balances que nos muestra su rentabilidad, su liquidez, su endeudamiento, sus inversiones, entre otras cosas. En el caso de países podemos tener en cuenta el crecimiento de su PBI, si su balanza comercial es positiva, su riesgo país, si ha estado en cesación de pagos últimamente, etc.
La tasa de interés de los bonos puede ser fijas o flotantes. En el primer caso se sabe de antemano cual será el porcentual de interés que se cobrara y en el segundo caso la tasa de interés varía en función a otra tasa de referencia, como puede ser un índice bursátil, un commoditie, la inflación de un país, tasa libor, etc.

Valga la redundancia, hay que aclarar nuevamente que todas las inversiones están sometidas a riesgos, pero en relación a otra clase de inversiones la renta fija es considerada una inversión de bajo riesgo y dentro de este riesgo existe un riesgo de mercado y un riesgo de incumplimiento o insolvencia. El riesgo de mercado se da por las fluctuaciones de las tasas de interés de los mismos bonos. Para que sea atractiva la inversión en bonos, se debe tener en cuenta que el cupón del bono debe ser superior a la tasa ofrecida por los Bancos en operación de plazo fijo. El riesgo de incumplimiento o insolvencia se da en el caso de que el emisor del bono no pueda o no quiera pagar la obligación del bono. Para tener algunos parámetros de estos riesgos existen agencias calificadoras de riesgos que se encargan de valorar y calificar determinados instrumentos bursátiles y financieros.

Las tres agencias más grandes del mundo que prácticamente son el oligopolio en la prestación de este servicio son:

- Standard and poor's;
- Fitch Group;
- Moody's corporation.

Estas agencias utilizan códigos de letras desde «AAA» como los de mejor calidad y bajo riesgo, hasta «D» que son los de mayor riesgo. Esta clasificación de riesgo se refiere a la capacidad y voluntad de pagar sus obligaciones que tienen las corporaciones y los Estados.
En el siguiente cuadro se muestra la clasificación crediticia utilizada por la Standard and poor's de emisión a largo plazo.

Calificación	Situación del Emisor o el crédito
AAA	Gran capacidad para cumplir con los compromisos financieros. La calificación más alta.
AA	Capacidad muy fuerte para cumplir con los compromisos financieros
A	Fuerte capacidad para cumplir con los compromisos financieros, pero algo susceptibles a condiciones económicas adversas y los cambios en circunstancias.
BBB	La capacidad adecuada para cumplir con los compromisos financieros, pero más sujeta a condiciones económicas adversas.
BB, B, CCC, y CC	Los emisores calificados en estas categorías son considerados como poseedores de características

	especulativas importantes
BB	Menos vulnerable en el corto plazo, pero se enfrenta a graves incertidumbres a los negocios adverso, financiera y las condiciones económicas.
B	Más vulnerables a los negocios adversos, financieros y las condiciones económicas. Pero en la actualidad tiene la capacidad de cumplir con los compromisos financieros
CCC	Actualmente vulnerables y dependientes de negocios, favorables financiera y de condiciones económicas para cumplir con los compromisos financieros
CC	Altamente vulnerables; no han entrado en default todavía, pero se espera que sea un certeza virtual.
R	Un emisor que recibe la calificación 'R' está bajo supervisión regulatoria debido a sus condiciones financieras
*SD y D	Incumplimiento de pago de un compromiso financiero o violación de una promesa de pago imputado. También se utiliza cuando una petición de quiebra ha sido presentada o similar medidas adoptadas.

*En el caso de la clasificación crediticia «D», en algunos casos denominados Bonos Basura suelen utilizarlos inversionistas que asumen un gran riesgo, pero en el caso de hacer liquido el Bono obtienen ganancias muy altas.

Ejemplos de estos Bonos, son los emitidos por algunos países sudamericanos o sudafricanos que luego entraron en default y fueron adquiridos en algunos casos por fondos de inversión, Bancos o compañías inversoras que después de algunos años han podido cobrar estos Bonos, obteniendo ganancias superiores al 1500%.

3,2. ACCIONES

Las acciones en la jerga bursátil corresponden a ser propietario de una parte de la empresa. El inversor puede adquirirlas con dos intenciones:

- Beneficiándose con el resultado de la empresa a través del cobro de los dividendos;
- Beneficiándose con la revaluación que puede alcanzar en el futuro, y así obtener una ganancia con su posterior venta.

Las acciones son denominados activos de renta variable, ya que no se sabe con exactitud el resultado que tendremos en el futuro.

El mercado accionario, que se ejecuta dentro del mercado de valores es uno de los mercados más ambiciosos que puede existir, ya que agrupa a compañías de diferentes rubros con toda clases de inversores, lo que implica que este mercado puede mostrar gran parte de la actividad económica de un país a nivel macroeconómico y el estado económico y/o financiero de las empresas.

Al analizar invertir en acciones de alguna compañía, debemos analizar entre otras cosas, el modelo de negocios de dicha compañía y su actividad. Debemos entender que el precio de una acción incrementa en el largo plazo, si el modelo de negocios de la empresa prospera y es llevado a cabo con éxito, a pesar que en el corto plazo puede fluctuar su valor por los inversores especuladores.

En los años 90 muchas empresas de tecnología estaban surgiendo y sus acciones tenían precios relativamente bajos. Luego con el Boom de internet y la revolución tecnológica, estas empresas aumentaron sus precios por acción exponencialmente y los tenedores de esas acciones se vieron beneficiados en una industria que era muy joven. A pesar de esto, grandes gurúes de las finanzas no supieron aprovechar el momento, lo que demuestra la complejidad de la formación de precios de este mercado y lo difícil que puede llegar a ser anticiparse al mercado.

Clasificación de acciones:

Existen diversas formas de categorizar estos activos. Pudiendo ser según su capitalización, según sean compañías líderes o emergentes, según su liquidez, y según su valor y crecimiento.

Según su capitalización: la capitalización de acciones de una compañía está dada por el precio unitario multiplicado por el total de acciones en circulación de una empresa de capital abierto y corresponde a las siguientes categorías:

- Micro Cap. (entre 50 y 300 millones de dólares)
- Small Cap. (entre 300 y 2.000 millones de dólares)
- Mid Cap. (entre 2.000 y 10.000 millones de dólares)
- Large Cap. (Superior a 10.000 millones de dólares)

Según sean compañías líderes o emergentes: esta diferenciación hace referencia al país donde desarrollan su actividad principal la empresa en la cual deseamos invertir. Entendiéndose por emergentes a los países en vía de desarrollo, como los países sudamericanos, algunos asiáticos y otros pocos de Europa.

Estos países tienen un potencial económico muy grande y muchas veces las acciones de estas empresas se encuentran subvaloradas, lo cual se pueden conseguir grandes oportunidades de inversiones que en países desarrollados sería mucho más difícil de encontrar. Si bien estas empresas se encuentran en plena expansión, también son susceptibles a mayores riesgos, como pueden ser: *una devaluación de su moneda.* Los países subdesarrollados suelen tener una moneda más débil que el Dólar o el Euro y un desfasaje de la moneda de forma imprevista puede repercutir negativamente en la actividad de las empresas, sobre todos si son importadoras o necesitan importar para llevar a cabo su actividad principal, ya que necesitaran divisas para poder concretar sus transacciones. *Su deuda externa.* Los países subdesarrollados, sobre todo los países de América Latina han generado deuda a lo largo del siglo XX, con Bancos de países desarrollados y diferentes organismos supranacionales para realizar inversiones de infraestructura o pagar gastos públicos que debieron subsanarse. En algunos casos, estos países no han tenido capacidad de pago de sus deudas y han entrado en default, esto implica mayor riesgo país, menos confianza externa y menos inversiones de empresas lo que puede repercutir directa o indirectamente en los precios de las acciones y la rentabilidad que obtengan las compañías radicadas allí.

Según su liquidez: la liquidez es un término que se utiliza para conocer la capacidad que tiene un activo en convertirse en dinero, mientras menos tiempo sea necesario para efectivizarlo más líquido será el activo. En el ámbito bursátil la liquidez de las acciones se da por las transacciones que se realizan en el mercado. Una acción de alta liquidez generara cientos o miles de transacciones a diario, en cambio una de baja liquidez no genera ninguna transacción o muy pocas. El hecho de que existan pocos inversores interesados en vender o comprar determinada acción a cierto precio, es lo que sea de baja liquidez, que generalmente son menos seguras.

La desventaja principal de las acciones de baja liquides es que aunque aumente su valor en el mercado, podemos tardar mucho tiempo en hacer efectiva esta ganancia. Por otro lado la falta de interés de los inversores en las acciones de baja liquidez puede darse porque en los últimos ejercicios no hayan arrojados buenos resultados en sus balances. En estos casos deberíamos analizar si estos malos resultados se deben a una mala

administración de la empresa, si es causa de un contexto económico en recesión o simplemente se está gastando mucho dinero en investigación y desarrollo. En el último caso podemos sentirnos cómodo en invertir en esta compañía, ya que se espera que en un futuro empiece a generar ganancias a través de un nuevo producto o alguna nueva explotación.
Por ejemplo un laboratorio puede tardar varios años en investigar y lanzar un medicamento o una vacuna que cura una determinada enfermedad.
De igual importancia es el caso de una compañía de energía de hidrocarburos que invierten millones de dólares y años de investigación en explotar un nuevo yacimiento petrolífero.

Según su valor y crecimiento: un gran dilema entre los inversores actuales es si invertir según valor o su crecimiento, cuyos propósitos son totalmente opuestos.

- Valor: Pertenecen a compañías ya consolidadas que generalmente pagan altos dividendos de forma periódica, pero su potencial crecimiento se encuentra limitado.
- Crecimiento: estas compañías se encuentran en crecimiento, ya sea de países desarrollados o emergentes que reinvierten sus ingresos y se esperan que se revalúen considerablemente en el futuro.

3,3. FONDOS DE INVERSION

Está conformado por aportes de dinero de un grupo de personas con similares objetivos de riesgos y rentabilidad. Estos aportes se denominan «cuotas partes» y representan el derecho de copropiedad sobre el patrimonio del fondo de inversión.

Los aportes son gestionados por un grupo de profesionales que puede ser un Banco, una sociedad de bolsa o una empresa especializada en inversiones que intentan optimizar al máximo su rentabilidad y disminuir lo menos posible el riesgo.

Al agrupar un gran número de inversores y grandes cantidades de dinero, la empresa administradora puede invertir en activos con mayor diversificación que un inversor individual.

Las inversiones de un fondo de inversión son realizadas en 3 diferentes instrumentos.

Fondos de Plazo fijo: el aporte de las inversiones es colocado en un plazo fijo, que al obtener un monto muy grande de efectivo se consiguen tasas de interés superiores.

Fondos de renta fija o bonos: aquí se invierte en títulos públicos o valores negociables. En esta clase de fondos existen una mayor volatilidad que en los fondos de plazo fijo, lo que implica mayor riesgo, pero también la posibilidad de obtener mayor rentabilidad.

Fondos de renta variable o de acciones: se invierten en acciones que cotizan en la bolsa. Su rentabilidad depende de la variación de los precios de la cartera por la cual se haya invertido.

Además de estas 3 clases de fondo de inversión existen fondos de inversión mixtos que agrupan a estas tres clases de activos y serán los inversores quienes escojan una alternativa, dependiendo de la tolerancia al riesgo y también del tiempo en el cual quieren disponer de su ahorros.

Fondos de inversión cerrados y abiertos:

Su principal diferencia es la posibilidad de aumentar o disminuir la cantidad de cuotas partes emitidas y de rescatar y suscribir las mismas.

En el siguiente cuadro se hace una distinción con sus características entre los fondos de inversión cerrados y abiertos.

Fondos de Inversion Abiertos	Fondos de Inversión Cerrados
La cantidad de cuotas partes varía dependiendo de la suscripción o rescate de las mismas.	La cantidad de cuota partes es fija
Pueden recibir suscripciones o rescates en cualquier momento.	Las suscripciones se realizan antes del comienzo de las operaciones de inversión del Fondo, mientras que el rescate se realiza al momento de la liquidación del Fondo.
En cuanto a la liquidez, la empresa administradora debe aceptar el rescate y hacer líquidos los activos para pagarlo.	La liquidez está dada por las condiciones del mercado.
No es necesario que el inversor realice un análisis minucioso del mercado, ya que la empresa administradora se encargara de conseguir el mejor rendimiento posible.	El inversor debería tener conocimiento del destino de sus aportes más detalladamente, ya que al ser objetivos específicos su volatilidad depende de cada caso en particular.

Como resumen general de los Fondos comunes de Inversión, podemos destacar las siguientes características:

- Es necesario contar con una buena empresa administradora que gestiones los Fondos;

- Al igual que cualquier tipo de inversión, los Fondos de Inversión no están exentos de riesgos, a pesar que son administrados por profesionales;
- Los Fondos de Inversión nos dan la posibilidad de diversificar las inversiones y disminuir el riesgo, sin necesidad de aportar grandes cantidades de dinero;
- Posibilidad de disponer del dinero en cualquier momento;
- Barreras de entrada muy bajas, permitiendo ingresar a los pequeños inversores con baja sumas de dinero.

3,4. ETF

Se trata de fondos cotizados, siendo un hibrido entre los fondos de inversión y las acciones, cuyos atributos son la diversidad de activos que puede armar un fondo de inversión y la flexibilidad de poder entrar y salir del mercado con la forma y facilidad en la que se ejecutan las acciones. Esto representa una ventaja con respecto a los fondos de inversión.

Mientras que los fondos de inversión pueden suscribir o reembolsar al cierre de cada sesión, los ETF se negocian como cualquier acción, sin importar el momento.

Los ETF han revolucionado el mercado financiero, generando un sinfín de oportunidades para los inversores, ya que permite tomar como referencia a diferentes sectores de la economía y diferentes clases de activos en un solo instrumento.

Los principales motivos que pueden alentar a los inversores a elegir estos instrumentos son la diversificación de un conjunto de activos, en el cual el inversor se sienta cómodo, además de la cobertura que pueden brindar al igual que otros activos financieros.

Generalmente las comisiones son muy bajas, lo que hace posible el trading intradia una estrategia posible para muchos inversores cortoplacistas.

En cuanto a su categorización existen 3 maneras de clasificarlos:

Sectoriales: son aquellos que replican el índice de un grupo de empresas de distintos sectores, como por ejemplo el mercado agrícola, el mercado de bienes raíces, el mercado financiero, etc.

Internacionales: en este caso replican el índice de un grupo de empresas fuera de los Estados Unidos.

De base amplia: se encargan de replicar un activo o un conjunto de ellos, ya sea de alguna empresa, commodities, índices, etc.

Otra posibilidad que nos brindan los ETFs son la de practicar el arbitraje, que se da cuando el precio del ETF empieza a desviarse con respecto del valor neto del activo subyacente de los activos que lo componen, lo que le permite a los inversores intervenir y sacar provechos de las diferencias.

3,5. OPCIONES

Las opciones financieras son un contrato entre dos partes, que consiste en otorgar a una de las partes el derecho de comprar o vender un activo a una fecha determinada y a un precio previamente pactado.

Existen dos clases de contrato de Opciones. Opción CALL y Opción PUT, los cuales se explican a continuación.

Opción CALL (Opciones de Compra)

Este contrato es entre dos partes, el emisor y el tenedor. El emisor contrae la obligación de vender un activo a un precio determinado y hasta una fecha determinada, a cambio de un pago llamado premio efectuado por el tenedor. El tenedor o comprador obtiene un derecho (no la obligación) de comprar un activo determinado y a una fecha determinada en dicho contrato.

Es necesario aclarar que para que se lleve a cabo esta operatoria el emisor debería tener una visión bajista y el tenedor o comprador una visión alcista.

Opción PUT (Opciones de Ventas)

El contrato de una opción PUT le otorga a su tenedor el derecho, pero no la obligación de vender un activo a un precio determinado hasta una fecha determinada. El emisor de la opción PUT tiene la obligación de comprar el activo, si el tenedor de la opción decide ejercer su derecho.

Este contrato se caracteriza por tener un riesgo limitado para el comprador, ya que el precio máximo que puede perder, es la prima que paga para poder ejercer su derecho en el futuro, en el caso que se desvaloricen sus activos. Otra cualidad de este contrato es que tiene la virtud de funcionar como una póliza de seguros. De la misma forma se da en el caso de que un asegurado que sufre un siniestro y la aseguradora le paga una indemnización. En el caso de la opción PUT, el siniestro de las acciones es que su valor disminuya y el emisor pague el precio de ejecución estipulado en el contrato.

Al igual que los contratos de opciones CALL, los contratos de opciones PUT pueden negociarse de forma independiente.

Se puede comprar un contrato de Opciones PUT sin ser dueño de un paquete de acciones y obtener ganancias en el caso de que estas acciones disminuyan de valor y en tal caso poder vender el contrato a un accionista que se vea perjudicado con esa baja.

3,6. PASE BURSATIL

Consiste en realizar simultáneamente dos operaciones. La venta (o compra) de títulos negociables de contado o a plazo y pactando simultáneamente la operación inversa de compra (o venta), sobre el mismo comitente y en una fecha de vencimiento posterior.

En el periodo de vigencia del contrato el vendedor deja de ser el propietario de los valores negociables, lo que implica que si estos valores pagarían dividendos, intereses o cualquier otro beneficio, el vendedor no podrá gozar de dichos beneficios económicos. La renta que obtiene el Colocador es la tasa de interés que surge de la diferencia entre el precio de compra a plazo y el precio de venta de contado.

El pase Bursátil es considerado una operación de realización garantizada, ya que en el mismo momento que se produce la venta, se produce la recompra a fecha futura. Por otra parte quien tenga en su cartera bonos o acciones y necesite fondos inmediatamente, puede realizar un Pase Bursátil, vendiendo dichos títulos y recomprándolos simultáneamente, pero a fecha futura, pero a un precio superior. Este crédito que obtiene el tomador del Pase se hace muy atractivo si lo comparamos con los requisitos que exige una institución bancaria a la hora de otorgar préstamos y afrontar la tasa activa más los gastos financieros para llevarlo a cabo.

3,7. INDICES

Los índices bursátiles son una medida o un registro estadístico que reflejan el rendimiento del mercado a través del tiempo, en función de las variaciones de precio de los activos que lo integran. Les da la posibilidad a los inversores de conocer el comportamiento del mercado y su evolución. Los índices pueden ser de Renta Variable (agrupados por acciones), de Renta Fija (agrupados por bonos) y de materias primas.

En la siguiente tabla se muestra algunos de los índices bursátiles más representativos del mundo, su composición y su país.

Índice	Composición	País
IBEX 35	Está formado por las 35 empresas con mayor liquidez que cotizan en el Sistema de Interconexión Bursátil Electrónico en las cuatro Bolsas Españolas.	España
Dow Jones Industrial Average	Refleja el comportamiento del precio de la acción de las 30 compañías industriales más importantes de los Estados Unidos.	Estados Unidos
S&P 500	Se compone de las 500 empresas con mayor capitalización bursátil que poseen acciones que cotizan en las bolsas NYSE o NASDAQ.	Estados Unidos
Nasdaq 100	Se compone por los 100 valores de las compañías más importantes que cotizan en la bolsa del NASDAQ.	Estados Unidos
Nasdaq Composite	Este índice incluye todos los valores que cotizan en la bolsa del Nasdaq.	Estados Unidos
FTSE 100	Está compuesto por los 100 principales valores de la Bolsa de Londres.	Inglaterra
Nikkei 225	Este índice bursátil es el más popular del mercado japonés. Está compuesto por los 225 valores más líquidos que cotizan en la Bolsa de Tokio.	Japón
Hang Seng Index	Está compuesto por más de 30 compañías, que representan el 65% de la Bolsa de Hong Kong.	China
DAX	Está compuesto por las 30 principales empresas cotizadas de la Bolsa de Fráncfort seleccionadas por capitalización y contratación	Alemania
AEX	Está compuesto por los 25 principales valores que cotizan en el Euronext de la bolsa de Ámsterdam.	Holanda

Cabe destacar que para operar sobre índices bursátiles, los inversores utilizan derivados como opciones o futuros.

No es posible invertir directamente sobre los índices bursátiles, debido a que no son productos por derecho propio como las acciones o los Bonos. Existen únicamente para brindar información, por lo que no se puede comprar ni vender como tal.

Antes de invertir en Índices Bursátiles es necesario tener en cuenta algunas consideraciones:

- Al agrupar un número de empresas, en la formación del Índice, se consigue una diversificación de la cartera de inversión y una disminución del riesgo;
- Se debe estudiar al mercado en general, si deseamos invertir en un Índice y no a cada empresa en particular;
- Al igual que otros activos bursátiles, se puede obtener beneficios tanto en escenarios alcistas como en escenarios bajistas utilizando contratos de opciones y futuros;
- Generalmente y a lo largo de la historia los Índices superan en rentabilidad a los Fondos de Inversión;
- La mayoría de los índices no se ajustan por dividendos, ni por la emisión de instrumentos financieros convertibles.

3,8. SISTEMAS DE INVERSION

Los sistemas de inversión son creados para ganar dinero y nos dicen cuando comprar y cuando vender. Muchos inversores novatos empiezan a invertir sin un sistema, sin un análisis previo de cada valor, lo cual los puede llevar a la banca rota en poco tiempo.
El principio básico de cualquier sistema debería ser comprar barato y vender caro. Pero veremos que muchos de estos sistemas no van a cumplir con esta característica esencial, sin embargo pueden ser muy rentables en el mediano y largo plazo si son aplicados correctamente.

Si bien cada sistema esta explicado para ser llevado a cabo de una forma determinada, también puede flexibilizarse y adaptarse a la comodidad del inversor.

A continuación se encuentran algunos de los sistemas de inversión más utilizados en el mercado bursátil y con mejores rendimientos a lo largo de los años, explicado de forma teórica y en algunos casos con ejercicio práctico para que el lector logre un mejor entendimiento.

a) Twinvest

Este método de inversión fue creado por Robert Lichello, cuyo propósito está destinado a los inversores que no posean grandes sumas de capitales, pero que puedan realizar aportaciones periódicas (mensual, semestral, anual, etc.). Por lo tanto podemos decir que es un método dirigido también con horizontes en el largo plazo.

Se basa en comprar menos cantidad cuando el precio es caro y comprar más cuando el precio es más barato. Se considera una buena alternativa en mercados volátiles.
Vamos a ejemplificarlo y detallarlo paso a paso, para una mejor comprensión del lector, suponiendo que destinaremos a este método $1.000 mensuales.

El primer paso es calcular código Twinvest o número Twinvest. Este número sólo se calculara 1 vez al comenzar el método, teniendo en cuenta los siguientes parámetros:

a) El precio, de la acción, el fondo de inversión o el valor bursátil que se desee invertir. En este caso dicho valor será de $10 al comienzo del sistema.
b) La cantidad que se desee depositar periódicamente hay que dividirla por cuatro y luego multiplicarlo por 3. En este caso la formula quedaría de la siguiente manera:

400/4=100
100*3=300
Código multiplicado= 300

Luego, para obtener el código Twinvest se debe multiplicar el precio de cotización del valor por el Código multiplicado. Código Twinvest: 300*10=3000.

Ahora tenemos código Twinvest como la cotización del valor en el cual hemos invertido.

Supongamos que sigue constante (cotiza a $10), entonces debemos tomar el código Twinvest «3.000» y dividirlo por el precio del valor de cotización del activo bursátil. Este resultado nos arroja una cifra de $ 300. Esta es la cifra que debes invertir, el resto lo dejas en una cuenta para otra clase de inversiones o de respaldo.

En cuanto a la frecuencia de compra, es recomendable que sea trimestralmente o cuatrimestralmente, ya que si la frecuencia es mayor aumentaría considerablemente el gasto por comisión de los Brókers y si la frecuencia de compra es menor probablemente se perdería por el costo de oportunidad que nos brindaría las fluctuaciones de precios.

El principal beneficio que se obtiene es gracias a los mercados volátiles, porque lo que propone básicamente este sistema es comprar más cuando los valores bajen de precio y comprar menos cuando estos valores aumenten su precio. Entonces cuando el precio de los valores sube aumenta considerablemente nuestra capitalización bursátil y cuando el precio de los valores baja aumentamos nominalmente el número de unidades de valores.

Si bien Robert Lichello creó este sistema especialmente para utilizarlos en fondos de inversión y para pequeños inversores, también es factible para utilizarlo en la compra de acciones, sobre todo si estas reparten dividendos ya que se puede compensar a la comisión que debemos pagarle al bróker por cada transacción.

b) GAD (Gestión Automática del dinero)

El sistema GAD o también conocido como el sistema de Gestión Automática del dinero es otro de los sistemas creados por Robert Lichello, aplicable en el mediano y largo plazo para pequeños y medianos inversores.

Su objetivo es intentar balancear matemáticamente las inversiones en acciones (o participaciones en fondos de inversión) con el efectivo, para que todo esté en equilibrio.

En este sistema se compran acciones cuando su precio baja y se venden cuando su precio sube. Respetando el principio lógico que debe seguir cualquier inversionista, «comprar barato y vender caro». Este equilibrio se consigue con los intereses que genera el invertido en efectivo.

El creador establece algunas reglas a tener cuenta para poder aplicar el sistema con mayor eficiencia.

- *Diversificar*: si posees una suma adecuada de capital, es aconsejable invertir en más de una compañía.
- Elegir acciones con una gran capitalización bursátil y con nombre y trascendencia en el mercado.

Para poder explicar matemáticamente el sistema GAD, es necesario entender los conceptos que los componen.

A) Fecha de Operación: Periodo en el cual se realizó la inversión.
B) P.Acciones: Es el precio de las acciones al que cotiza en dicho periodo.

C) V.Acciones: Es el número de acciones por el precio de la acción.
D) CFAV: Es el factor compensador de la compra/venta de acciones. Generalmente es un 10% del valor de las acciones.
E) Efectivo: Representa el dinero líquido que poseemos en determinado periodo.
F) Acciones C/V: En el primero periodo representa la cantidad de acciones en cartera, luego contabiliza compras y las ventas en cantidad.
G) Acciones cartera: Cantidad de acciones que posee en el periodo.
H) Control cartera: Mide la evolución e involución de la cartera (sólo se modifica en caso de compra)
I) Consejo: Nos aconseja la compra/venta de acciones en un periodo determinado. Se calcula de la siguiente manera: Control de cartera:(n-1)-Valor de Acciones(n).
J) Orden mercado: Nos indica la cantidad exacta que debemos compra o vender para el correcto funcionamiento del sistema. Cuando el CFAV es mayor que el consejo de venta no se realiza ninguna orden. Cuando el CFAV es menor que el consejo de venta la orden debe realizarse por la diferencia.
K) Valor Cartera: Esta dado por la suma del valor de las acciones más el efectivo disponible a final de cada periodo.

c) DCA (Dollar Cost Average)

Es un sistema de inversión periódico, en el cual se invierte una cantidad de dinero constante, independientemente si la cotización del activo bursátil disminuye o aumenta de precio.
Se utiliza generalmente con horizontes de mediano y largo plazo, ya sea poseedores de pequeños, medianos o grande capitales. Los activos que se utilizan pueden ser acciones, participaciones en fondos de inversión o cualquier commoditie con cotización en el mercado bursátil.

En este sistema nos beneficiamos cuando la cotización del valor baja, ya que al ser una cantidad constante la que se invierte en cada periodo, podemos adquirir más cuando el precio es inferior, logrando que el coste medio por acción disminuya.

Este sistema pueden utilizarlos inversionistas no expertos o aquellos que no tengan tiempo de analizar la situación por la que atraviesa el mercado, ni la empresa o fondo que deseen invertir. Simplemente se benefician matemáticamente con la volatilidad en el largo plazo. Vamos a ejemplificar como se utiliza el sistema.

Suponiendo que invertiremos mensualmente $1.000 dólares durante cuatro meses en acciones con cotización bursátil:

- En el primer mes la cotización de las acciones elegidas es de $10 dólares por acción. Entonces adquirimos 100 acciones.
- En el segundo mes dichas acciones cotizan a $12,5 cada una. Entonces adquirimos 80 acciones.
- En el tercer mes el precio disminuye a $8 la acción, adquirimos 125 acciones.
- En el cuarto mes el precio vuelve a ser de $10 dólares por acción, entonces adquirimos 100 acciones.

Al finalizar los periodos hemos invertido $4.000 dólares y adquirido 405 acciones a precio promedio de $10. Como se puede apreciar nos hemos beneficiado de la disminuciones del precio del tercer mes, ya que se han adquirido más cantidad de acciones por el mismo perdido.
El principal problema de este sistema es que se adquieren más cantidad de acciones caras que en otros sistemas.

En cuanto a la frecuencia de inversión es recomendable bimestral o trimestralmente, ya que si utilizamos una mayor frecuencia se perdería dinero en comisiones a los agentes de bolsa y si la frecuencia es menor, no se puede aprovechar al máximo la variabilidad de la cotización de los precios.

d) Buy & Hold

Este sistema consiste en comprar acciones y mantenerlas en cartera, ya sea con el objetivo de crear un gran capital o de ir cobrando dividendos en el futuro de forma periódica. Obviamente esta clase de inversiones es para inversores que no necesiten de su dinero en el corto o mediano plazo.

Para que esta inversión no sea una apuesta especulativa, es necesario verificar la situación económica y financiera de la empresa a través de sus balances y cualquier otro medio de prueba que nos pueda brindar información confiable en relación a su situación económica, financiera y jurídica para tomar decisiones de una forma adecuada.

Existirán ocasiones en que las acciones cotizaran muy por debajo del precio que las hemos adquirido, simplemente por una fluctuación normal del mercado, pero al mismo tiempo la empresa se puede mantener sólida y con una economía saludable, por dicha razón no debemos desprendernos de ellas por un impulso emocional, sino que debemos apelar siempre al contexto racional del mercado, dejando afuera los sentimientos.
Inclusive en esta estrategia es necesario no encadenarse ni enamorarse de la empresa por la afinidad que podamos tener hacia ella. Simplemente debemos llevar un control periódico de nuestra cartera, detenernos ante una luz roja que nos indique que algo no anda bien en una compañía y tomar las decisiones correspondientes sin entrar en pánico.

Un caso referente en el cual muchos inversores perdieron mucho dinero por no desprenderse de sus acciones a tiempo, fue la caída del LEHMAN BROTHERS cuya cotización en el año 2007 rondaba entre los $70 y $80 dólares por acción y en septiembre, cuando cerraba sus puertas la cotización paso a valer unos pocos centavos y finalmente concluir con la quiebra.
El caso contrario sucedió con la empresa de Warren Buffett (Berkshire Hathaway) en el cual su cotización en la década del 70 no superaba los $100 dólares por acción y en la actualidad su precio de cotización por acción es superior a $200.000 dólares por acción.
Los inversores han agradecidos a Warren Buffett por convertirlos en millonarios, pero el gurú de las finanzas les agradeció a ellos por la confianza que le tuvieron a lo largo de los años, por invertir en su compañía.

Volviendo a la estrategia, unos de los grandes beneficios es ahorrar en pago de comisiones a los agentes de bolsa que a diferencias de otros sistemas de trading pueden ocasionar pérdidas o disminuir dramáticamente su rentabilidad. Además, invirtiendo en forma diversificada en varias clases de acciones podemos conseguir altas rentabilidades en el caso de que una de ellas tenga una subida importante y mantenerlas en cartera en caso de que se mantenga constante o disminuya su valor.

Para aplicar esta estrategia debemos tener en cuenta el riesgo que estemos dispuestos a asumir y tomar como un factor normal a las fluctuaciones del mercado, como hemos mencionado para no desprendernos de nuestras acciones en el caso de una baja de precio generalizada del mercado.

¿Con que empresas se recomienda utilizar el sistema Buy and Hold?

Las empresas claves son aquellas que cuenten con un gran potencial de crecimiento.
Como hemos mencionado un gran ejemplo fue la empresa Berkshire Hathaway en los 70. Otro gran ejemplo son McDonald's y Nike en la década de 80 y 90 respectivamente.
También se hubieran obtenidos beneficios extraordinarios con muchas empresas de tecnología invirtiendo a fines de los 90 y comienzos del nuevo milenio como Apple, Google, Amazon, etc.

e) El sistema Bogle

Este sistema fue creado por John Bogle, un gurú en el mundo financiero y fundador de la gestora Vanguard Group, uno de los mayores fondos de pensiones del mundo.

El sistema Bogle establece que un inversor debe invertir un porcentaje de renta fija equivalente a su edad y el resto en renta variable. Utilizando como parámetro 100 años de vida del inversor. Por ejemplo si un inversor tiene 25 años debería invertir 25% en renta fija y 75% en renta variable y a medida que pasen los años ir ajustando su cartera proporcionalmente con el porcentaje que corresponda a su edad.

En primer lugar este sistema se fundamenta en que el inversor siempre debe tener una cartera diversificada en renta fija y en renta variable. En segunda lugar hay que destacar que a medida que el inversor envejezca, adquiere mayor importancia la inversión de la cartera compuesta por renta fija, es decir a medida que pasen los años el riesgo disminuye incentivando a los jóvenes a tomar mayores riesgos y a los inversores de edad adulta a ser más conservadores.

A la hora de armar la cartera de inversión siempre es necesario proyectar en el largo plazo, aunque el sistema nos recomiende comprar activos de renta fija y vender activos de renta variable a lo largo de los años en forma paulatina, debemos permitirnos vender en el caso de una sobrevaloración del precio de los activos, dado por una subida espontanea del mercado, ya que en este sistema son aplicable perfectamente los conceptos de la estrategia Buy and Hold.

f) Estrategia de los perros del Dow

Esta estrategia establece que se deben adquirir los 10 valores con mayor rentabilidad por dividendos del DOW JONES al comienzo de cada año (o cada 12 meses, en cualquier momento del año) y reajustarla cada año con los nuevos valores con mayor rentabilidad por acción.

En principio el objetivo de esta estrategia es batir el índice bursátil del DOW JONES, lo cual se ha logrado con éxito desde su implementación. La estrategia es factible prácticamente para cualquier índice bursátil de gran envergadura como el Ibex 35, FTSE 100, DAX 30, Nikkei 225, Nasdaq 100, S&P 500, etc.

El riesgo de esta estrategia surge porque podemos comprar acciones de una compañía en decadencia, pero con un alto grado de rentabilidad del año anterior (aunque sea poco probable). También existe el riesgo de comprar acciones de una empresa cíclica, como por ejemplo una aerolínea que en un año de un mundial de futbol alcanza utilidades y rentabilidad por acción astronómica, pero en el año siguiente vuelven a ganar beneficios normales.

La mejor manera de evitar este riesgo seria que el inversor analice cada empresa de la lista y en el caso de notar algún potencial problema de la compañía que influya tanto en el precio de su cotización, como en el pago de los dividendos, no debería adquirir acciones de esta compañía y optar por comprar acciones de la siguiente compañía de la lista.

g) GARP (growth at a reasonable price)

Antes de comenzar con la explicación de este sistema es necesario que se tengan claros los conceptos fundamentales de «El Crecimiento y El Valúe Investing»

El Crecimiento: este concepto hace referencia a los inversores que buscan empresas en crecimiento de forma constante y en el largo plazo (más de 3 años generalmente). Se busca empresas que crecen en beneficios y ventas, cuyas utilidades son reinvertidas, gran parte en la empresa misma y no pagan gran cantidad de dividendos.

Valúe Investing: Consiste en comprar acciones a un precio menor de su valor intrínseco.

La diferencia con el precio de mercado se denomina «margen de seguridad». En teoría su precio aumenta, cuando el mercado se ajusta. En síntesis el Valúe Investing intenta aprovechar las fluctuaciones a corto plazo para invertir en el largo plazo.

Ahora que tenemos en claro los conceptos de «El Crecimiento y El Valúe Investing», podemos decir que el GARP aborda ambos conceptos.

Esta estrategia busca aspectos sólidos del crecimiento del negocio, cuyos precios no se vean afectados por condiciones temporales del mercado y no reflejen el valor intrínseco del negocio.
El principio fundamental es «Saber lo que se tiene». Desde conocer a los directores de una compañía, su gerente general y los resultados obtenidos en diferentes contextos del mercado.

Los inversores para la utilización del sistema necesitan información de los estados financieros de la compañía (para calcular diferentes ratios) y conocer su situación actual, el entorno de sus negocios y la influencia que ejercerán en el futuro. Por dicha razón se deberá realizar un análisis hibrido tanto técnico como fundamental de la empresa (o fondo de inversión)

h) La fórmula mágica de Joel Greenblatt

Su objetivo es buscar empresas que resalten en dos aspectos en especial: «rendimiento de capital y relación ganancia-precio». Lo que se busca es invertir en empresas que brinden buenas ganancias a sus accionistas. Por esta razón la formula consigue batir al mercado.

Estos dos ratios se calculan de la siguiente forma.
Rendimiento del Capital = EBIT / Activo Neto Tangible
El Ratio que se utiliza para obtener la relación ganancia-precio es la siguiente.
Relación ganancia-precio= EBIT / Valor de Empresa.

Joel Greenblatt en su página web http://www.magicformulainvesting.com explica brevemente en 4 pasos cómo funciona el sistema.

1) Usar el Stock Screener para seleccionar las acciones mejores calificadas. Elegir un número de acciones en las cuales deseas operar y el tamaño de la compañía que desees. Elegir más compañías te lleva a más diversificación y eligiendo compañías más grandes generalmente lleva a menos volatilidad. Eliminar cualquier compañía que no quieras ser propietario por cualquier razón, sin embargo debes mantener al menos 20 acciones para gestionar adecuadamente el riesgo.
2) Usa una manera efectiva de comprar las acciones. Si la cantidad que estas invirtiendo representa un gran porcentaje de tu cartera a largo plazo, podrías considerar comprar varias carteras en un periodo de 12 meses.
3) Mantener las acciones durante un año y venderlas. El sistema está diseñado para maximizar beneficios después de impuestos. Por lo tanto, usted quiere cualquier ganancia a largo plazo manteniéndolas durante un año, y quiere vender las pérdidas antes de que se alcance la fecha de la celebración de un año.
4) Una vez terminado el proceso volver al paso 1.

IV. EL MERCADO FOREX

El mercado FOREX (*Foreign Exchange*) también conocido como el mercado de divisas, es el mercado más grande del mundo superando ampliamente al mercado bursátil.

Lo que se negocia aquí es dinero (los activos más líquidos por excelencia), la compra/venta de diferentes monedas de forma simultánea que generalmente se realizan a través de un bróker o un Banco. Estas monedas siempre se comercializan en pares.

Los inversores para intentar entender los fenómenos que ocurren en este mercado y el comportamiento de los precios de las divisas recurren al análisis técnico y/o al análisis fundamental que se desarrollaran a continuación.

Antes de comenzar con estos dos tipos de estudios el lector/inversor debe comprender que hasta el momento no se ha podido demostrar que un tipo de análisis sea mejor que el otro. Mientras que algunos inversores deciden utilizar el análisis técnico, otros optan por el fundamental, o bien realizan un mix de ambos, entendiéndose que no son excluyentes uno del otro, sino complementarios.

4,1. ANALISIS TECNICO

Gracias al avance de la tecnología de las últimas décadas, hoy disponemos de diferentes clases de software y aplicaciones para facilitar el trabajo y el análisis de los mercados, como pueden ser programas que muestran los precios en gráficos (páginas web o aplicaciones).

Estos gráficos suelen exponerse en:

- Gráficos de líneas
- Gráficos de barras
- Gráficos de velas japonesas

El encargado de estudiar este tipo de gráficos es el «*análisis técnico*» y si bien en este capítulo se desarrollaran los conceptos más importantes, el lector debe entender que para un análisis más profundo deberá acudir a herramientas informáticas que puede encontrar en internet.

Antes de empezar con el análisis técnico el lector debe saber que la principal crítica que sufre es la de basarse en datos del pasado, la cual la información brindada según algunos estadistas no incrementa sus probabilidad de ocurrencia en el futuro.

Por otro lado hay que destacar que el análisis técnico puede ser aplicado también en el Mercado Bursátil.

a) Gráfico de Líneas

Es el grafico más simple, nos muestra la unión entre dos puntos que son el precio de cierre de cada periodo. Si bien no aporta mucha información es el más fácil de entender y ver hacia donde se dirige la tendencia.

A continuación se observa un gráfico de líneas del USD/JPY de 4 horas.

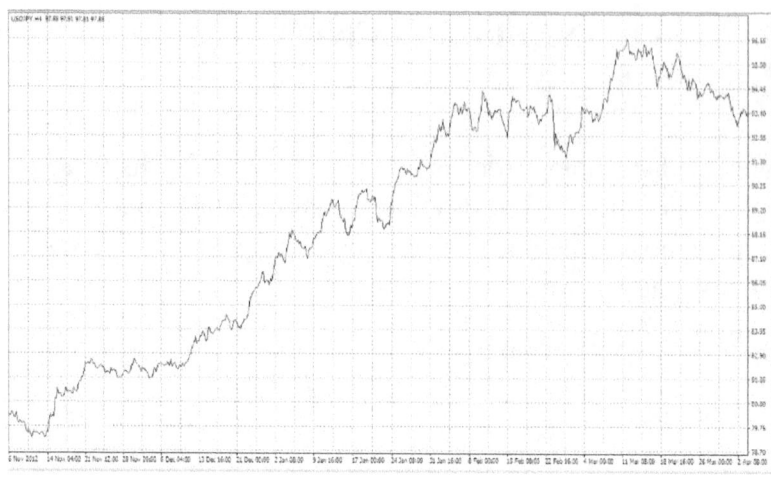

b) Gráfico de Barras

La información que nos brinda es similar al del gráfico de líneas, pero se le agrega algunos datos más: el precio de apertura, el precio mínimo y el máximo.

c) **Gráfico de velas japonesas**

Este grafico contiene la misma información que el grafico de barras, pero su exposición visual nos permite un análisis más enriquecedor.

Primero hay que entender cómo se compone la vela japonesa, cuyos componentes se detallan en los siguientes gráficos:

Gráfico de vela japonesa alcista

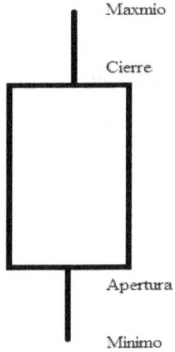

Gráfico de vela japonesa Bajista

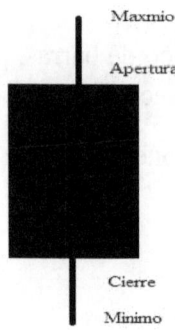

En los gráficos de velas japonesas también debemos tener en cuenta otra figura que se repite muy a menudo, «la vela Doji». Esta formación se da cuando el precio de apertura y de cierre son iguales (o similares).

En el siguiente grafico puede apreciarse una vela Doji.

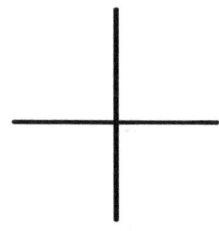

Si bien la vela Doji puede tener múltiples interpretaciones, generalmente puede representar un cambio en la tendencia si es acompañada por otra gran vela del mismo sentido hacia donde se dirige la tendencia.

A continuación se observa un gráfico de velas japonesas.

d) **Soportes y resistencias**

Al analizar cualquier patrón de velas debemos tener en cuenta 2 conceptos básicos «el soporte y la resistencia».

El «soporte» es el valor mínimo (o valores mínimos) en el que oscila el precio en un periodo de tiempo determinado sin poder penetrarlo. La «resistencia» o techo es el valor máximo (o valores máximos) alcanzado en un periodo de tiempo determinado.

Como puede apreciarse en el gráfico, la línea de tendencia inferior es el soporte y la línea superior la resistencia. Estas dos líneas de tendencia han creado un «canal», la cual marca un rango de precios que se desarrollaron en el pasado, cuya intención es marcar el rumbo hacia donde se dirigirán en el futuro.

Pero deberíamos preguntarnos lo siguiente: ¿qué tan sólido es un soporte o una resistencia o que probabilidad existe que dichas líneas de tendencias no se rompan?

Para poder responder esta pregunta debemos ser conscientes de que pocas veces podemos aplicar reglas generales o matemáticas que se apliquen el 100 % de las veces en el mercado Forex, pero en este caso podemos afirmar que mientras más rebotes existan en una resistencia o un soporte más fuertes se volverá el canal.

4,1.1 INDICADORES

Una vez entendido los conceptos básicos del análisis técnico, debemos profundizar en cada indicador en particular.

Estos indicadores son fórmulas matemáticas o estadísticas aplicada a precios y volúmenes, las cuales pueden observarse en gráficos, gracias a la tecnología sin hacer ningún cálculo, permitiéndonos tomar decisiones a la hora de invertir nuestro dinero.

Su función principal es la de alertar, predecir y confirmar la tendencia, aunque siempre tenemos que tener en cuenta que no nos garantizan 100 % su eficacia, pero si incrementan el grado de probabilidad de éxito si son aplicados correctamente.

Las clases de indicadores que desarrollaremos son los siguientes:

- Indicadores de tendencias
- Osciladores
- Indicadores de Volumen

A) INDICADORES DE TENDENCIA

Esta clase de indicadores se utilizan para indicar la dirección de los precios en las tendencias del mercado. El análisis en este apartado se desarrollara sobre Medias móviles (Moving Average) y Bandas de Bollinger.

Media móvil (Moving Average)

Este indicador es utilizado para establecer líneas de tendencias. Para realizar su cálculo se tiene en cuenta el precio de cierre y se realiza un promedio aritmético que nos brinda los puntos por los cuales se graficara la media móvil.

Existen dos clases de medias móviles a saber, las *medias móviles simples y medias móviles exponenciales* que pasare a explicar a continuación:

Medias móviles Simples

Su cálculo surge de sumar el precio de «n» periodos precedentes y luego dividir dicha cantidad por el número de periodos

Suponiendo que el precio de los siguientes tres periodos son los siguientes:

Periodo 1: $10

Periodo 2: $12

Periodo 3: $13

Entonces el primer punto de la media móvil es 11.67 que surge de (10+12+13)/3

La media móvil simple nos muestra una visión bastante amplia, lo cual nos permite conseguir una predicción más probable y eficiente del precio futuro del par de monedas que estemos analizando.

En el siguiente grafico puede observarse el comportamiento de la media móvil simple del USD/CHF de sesiones de 4 horas.

Medias móviles exponenciales

El beneficio de la media móvil exponencial con respecto a la media móvil simple es que nos permite darles más importancias a los periodos más recientes, es decir enfocarse principalmente en las operaciones de los Traders.

La Media Móvil Exponencial se caracteriza por tener un movimiento rápido, lo cual permite detectar los cambios de tendencias y confirmaciones del movimiento de los precios. Pero también puede ser mayor la probabilidad de marcar señales y tendencias erradas.

Bandas de Bollinger

Se utilizan para medir la volatilidad del mercado. Las bandas de Bollinger son dos líneas enfrentadas entre sí, las cuales se contraen cuando el mercado está tranquilo (mercado lateral) y se expande cuando el mercado se encuentra en un periodo de volatilidad.

B) OSCILADORES

En estos indicadores se exponen las condiciones de sobrecompra y sobreventa del mercado. Se encuentran expresados en bandas que oscilan entre precios mínimos y máximos. A grandes rasgos los osciladores nos muestran las zonas de sobrecompra y las zonas de sobreventa, teniendo en cuenta que cuando existe una zona de sobreventa el activo deberían subir y cuando existe sobrecompra el activo debería bajar.

Pero debemos tomar esta premisa con mucha precaución y no como una verdad absoluta, ya que puede existir sobrecompra o sobreventa en relación a sus valores históricos, pero debido a diferentes factores económicos y financieros la demanda o la oferta puede seguir haciendo fuerza hacia un rumbo determinado.

Los osciladores sujetos a estudio en este apartado serán el MACD (Moving Average Convergence Divergence), Estocástico y el RSI (Relative Strength Index)

MACD (Moving Average Convergence Divergence)

También conocida como Media móvil de convergencia-divergencia. Este indicador nos muestra la relación entre dos medias móviles exponenciales de diferentes longitudes. Se utiliza un promedio rápido que reacciona a los movimientos de los precios en el corto plazo y otro de mediano/largo plazo.

Este indicador tiene tres componentes: el MACD, la Señal y el histograma.

MACD, es la diferencia entre dos medias móviles exponenciales de diferente longitud. La medida estándar de los promedios para su cálculo es de 12 y 26 periodos, aunque podría utilizarse otros valores sin ningún problema.

MACD=PME (12)-PME (26)

PME es Promedio Móvil Exponencial

El segundo parámetro a tener en cuenta es la «Señal» que se utiliza para abrir o cerrar una posición. El parámetro estándar más utilizado es el de 9 periodos.

Señal=PME (9, MACD)

El ultimo componente del MACD es el «Histograma», cuya función es la de abrir o cerrar una operación.

Histograma= MACD-Señal

Cuando las medias móviles se separan y el histograma crece, significa que la media móvil rápida esta divergente y se está alejando de la media móvil lenta. En caso opuesto, cuando las medias móviles se acercan entre si el histograma disminuye su tamaño, entonces las media móvil rápida esta convergente.

En el MACD existen dos clases de divergencias:

La divergencia negativa: las medias móviles se cruzan hacia abajo mientras los precios se encuentran en alza. Aquí el MACD nos está brindando una señal de venta.

La divergencia positiva: las medias móviles se cruzan hacia arriba mientras los precios siguen cayendo. En este caso el indicador nos está brindando una señal de compra.

La convergencia surge cuando las medias móviles se dirigen en la misma dirección que los precios, ya sea en tendencia alcista o bajista.

Dicho esto podemos decir que el objetivo de utilizar este indicador es encontrar una divergencia (positiva o negativa), ya que estos son los momentos en los cuales cambian las tendencias de los precios (o al menos aumenta la probabilidad de que esto suceda)

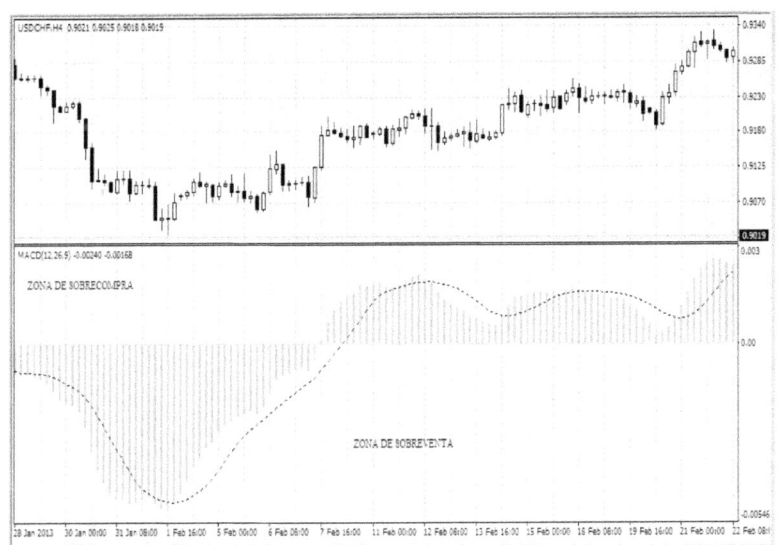

Estocástico

Este indicador nos permite saber cuándo el mercado se encuentra sobrevendido o sobrecomprado en un periodo de tiempo determinado, ayudándonos a encontrar el momento en cual finalizara una tendencia.

La escala que se utiliza es de 0 a 100 y se aplican los siguientes parámetros.

a) Existe sobrecompra cuando las líneas estocásticas superan la escala de 80, por ende es una señal de venta.
b) Existe sobreventa cuando las líneas estocásticas se encuentran por debajo de la escala de 20, por tal caso podemos inferir que es una señal de compra.

Estos límites de sobrecompra y sobreventa se pueden modificar a criterio del inversor, dependiendo de qué tan agresivo o conservador sea su personalidad.

Este indicador se puede aplicar perfectamente en mercados donde hay rebotes constantes, es decir en mercados laterales sin ninguna tendencia declarada, ya que en un mercado con tendencia alcista o bajista rompería fácilmente los soportes y resistencias dejando sin efecto cualquier parámetro que podríamos haber establecido.

En el grafico que sigue puede apreciarse el comportamiento del oscilador estocástico del par USD/CHF.

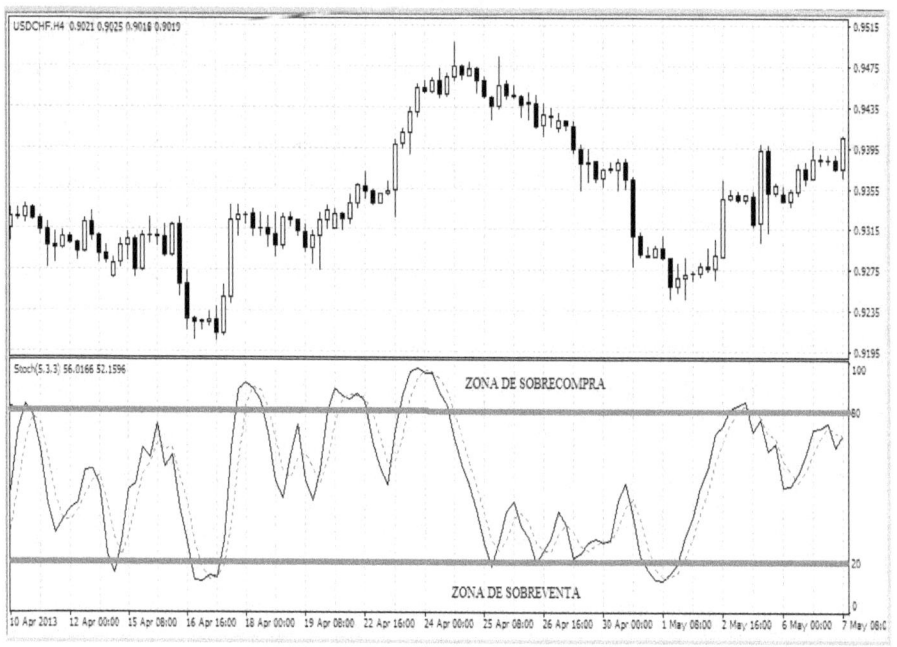

RSI (Relative Strength Index)

Es un índice de fuerza relativa. Este indicador al igual que el Estocástico nos indica el momento en el cual existe sobrecompra o sobreventa.

Básicamente las líneas de sobrecompra y sobreventa se trazan a la altura de 80-20 respectivamente, aunque se pueden tomar otros parámetros sin ningún problema, como 70-30 o 90-10.

En el siguiente grafico podemos observar el indicador RSI del USD/CHF con parámetros de 70-30 con periodos de 14 sesiones.

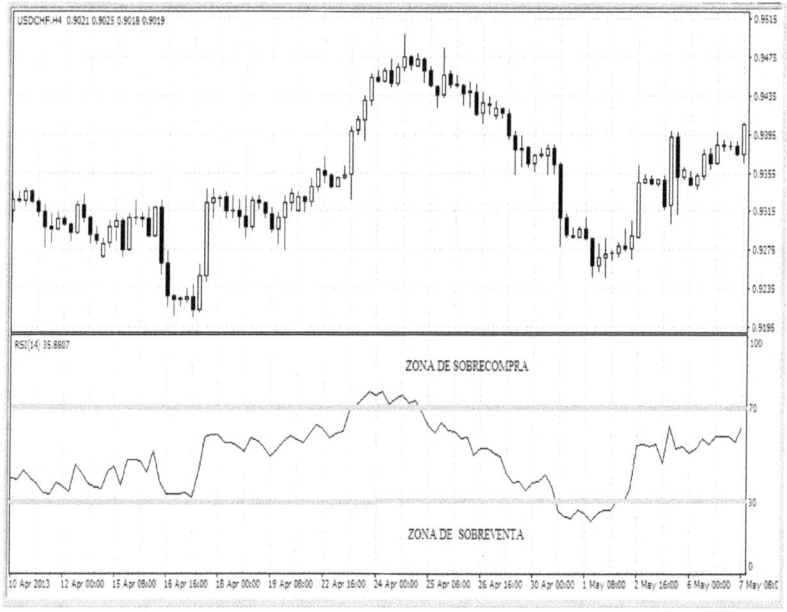

Como puede apreciarse en el gráfico, su interpretación es muy similar al Estocástico el cual existe sobrecompra cuando el indicador supera la escala de 70, por ende es una señal de venta y existe sobreventa cuando las líneas estocásticas se encuentran por debajo de la escala de 30, por tal caso podemos inferir que es una señal de compra.

C) INDICADORES DE VOLUMEN

El volumen es el número total de valores negociado en el mercado en un periodo de tiempo determinado, en Forex el número de lotes que se negocia.

Lamentablemente la utilización del volumen es más confiable en el mercado bursátil que en el Forex, ya que en este último lo que se calcula es el volumen del bróker y no el volumen de todo el mercado. Mientras que un bróker «X» puede reflejar que un gran porcentaje de sus clientes se encuentran en posiciones de compra, un bróker «Y» podría reflejar todo lo contrario, ya que son sus clientes quienes generan los datos del volumen que luego serán volcados en diferentes indicadores.

OBV (On Balance Volumen)

Es indicador relaciona los volúmenes con los cambios de precios, cuando el activo cierra por encima de su último cierre todo el volumen se considera volumen positivo y cuando cierra por debajo, volumen negativo. También nos muestra como el dinero se dirige o se deja de dirigir hacia determinado activo.

Las señales que nos brinda este indicador se dan cuando existen rupturas o cambio de tendencia y son las siguientes:

- Existirá señal de compra cuando el OBV rompa de bajista a alcista
- Existirá señal de venta cuando sea de alcista a bajista

En otras palabras OBV nos permite anticiparnos al movimiento del mercado, ya que generalmente el volumen confirma la tendencia.

En el siguiente grafico puede apreciarse como se anticipa a la tendencia el OBV.

MFI (Money Flow Índex)

Como su nombre lo indica nos muestra la fuerza del flujo monetario que ingresa o egresa de una determinada moneda o activo a través de la comparación del cambio de volumen para un período dado de tiempo.

Este indicador también puede ser utilizado para determinar las condiciones de sobrecompra y sobreventa de un activo, cuyo rango se encuentra entre 0 y 100 y sus valores estándar son entre 20 y 80.

Un activo se considera que está sobrecomprado cuando el índice supera la barrera de 80. Brindándonos una señal de venta.

Un activo se considera que está sobrevendido cuando el índice cae sobre la barrera de 20. Brindándonos una señal de compra.

4,2. ANALISIS FUNDAMENTAL

El análisis fundamental pretende explicar cuál será el movimiento de los precios a través de noticias políticas y noticias económicas que puedan afectar a un país y a su moneda.

La ley de mercado es la que regula la paridad entre en un par de divisas, pero el estudio de diferentes factores económicos son las herramientas que debemos entender para alcanzar un análisis fundamental agudo e intentar predecir la tendencia lo mejor posible.

Muchas veces la publicación de una noticia puede hacer mover una divisa bruscamente en poco tiempo. Este dato puede ser muy beneficioso para aquellos Traders experimentados, especializados en el análisis fundamental, pero pueden llevar a la quiebra a los Traders novatos si no se usa con la prudencia necesaria.

A continuación se hará mención a los indicadores más importantes:

a) Producto Bruto Interno;
b) Tasas de Interés;
c) Índice de Precios al Consumidor;
d) Índice de Empleo;
e) Ventas Minoristas;
f) Balanza Comercial;
g) Política Fiscal;
h) Política Monetaria;
i) Inflación;
j) Bienes Duraderos;

Esta lista es similar en cada país, aunque puede cambiar el nombre y su importancia dependiendo de cada economía.

Estos indicadores se encuentran en las noticias y en los «calendarios económicos o fundamentales».

El calendario económico brinda información sobre cada indicador en un tiempo preestablecido, esto le da la posibilidad a los Traders de tomar decisiones en el momento adecuado. El lector podrá encontrar el calendario económico en las webs de los principales Brókers de Forex.

A la hora de entender el calendario fundamental o las noticias políticas y económicas, debemos tener en cuenta los siguientes datos:

1) Dato Anterior: Es el dato del período anterior, generalmente anual o mensual.
2) Dato Esperado: Es el dato esperado por economistas, consultoras, instituciones gubernamentales, etc.
   Este dato es obtenido por estadísticas y presunciones dependiendo de quién sea el encargado de recolectar la información.
3) Dato Real: Es la información final y oficial del anuncio del calendario económico.

Estas noticias se pueden clasificar de acuerdo a su impacto sobre la apreciación y depreciación de las divisas:

- Noticias sin impacto;
- Noticias de bajo impacto;
- Noticias de mediano impacto;
- Noticias de gran impacto.

Generalmente cuando el dato actual de cada indicador es mejor de lo esperado por los especialistas, la moneda tiende a subir y cuando el dato actual es peor de lo esperado, la moneda tiende a bajar.

También puede darse el caso que los Traders actúen antes de tiempo, previendo el impacto de una noticia, lo cual su precio se altera antes de ser publicada y luego su precio puede variar gradualmente, pero no de forma espontánea.

A continuación se explica cada índice fundamental y su impacto en el precio de la divisa.

a) Producto Bruto Interno

Es el valor de todos los bienes y servicios finales producidos en una economía durante un período de tiempo (generalmente un año).

El aumento del Producto Bruto Interno de una economía significa un aumento en la salud económica de un país y por tal motivo impacta de forma positiva en su moneda.

b) Tasas de Interés

También llamado el precio del dinero. Es el valor que paga/cobra un deudor/acreedor por tomarlo prestado o cederlo en un período de tiempo determinado.

El encargado de regular las Tasas de Intereses son los Bancos centrales de cada país y su objetivo depende del contexto macroeconómico en el que se encuentre su economía.

El aumento de las Tasas de Interés incentiva el ahorro y las bajas de las Tasas de Interés incentivan el consumo.

Por tal motivo, mientras más alta sea una Tasa de Interés, mayor incentivos tendrán los Traders en ahorra en esa moneda, lo cual su valor generalmente se apreciará.

c) Índice de Precios al Consumidor

Es un indicador que mide cómo evolucionan los precios de los bienes y servicios consumidos por los hogares familiares en un período de tiempo determinado.

El IPC es un indicador de la inflación (aunque no tiene en cuenta los precios de los bienes intermedios que consumen las empresas ni los bienes de exportación), por tal motivo, el aumento de este índice representa una pérdida del poder adquisitivo de los trabajadores debilitando su economía y haciéndole perder el valor a su moneda.

d) Índice de Empleo

Este indicador nos muestra qué porcentaje de la población se encuentra desempleada. Altas tasas de desempleo generalmente hacen caer el precio de su moneda.

e) Ventas Minoristas

Este índice acompaña el fortalecimiento de su moneda local cuyo incremento genera un impacto positivo en su moneda.

f) Balanza Comercial

Es la diferencia entre exportaciones e importaciones de un país.

La Balanza Comercial positiva se denomina superávit comercial y la Balanza Comercial negativa se denomina déficit comercial.

El superávit comercial genera un impacto positivo en la moneda, mientras que en el déficit comercial su impacto es negativo.

g) Política Fiscal

Se refiere a la utilización del gasto público y recaudación impositiva para manejar la economía de un país.

La Política Fiscal de un país suele tener un efecto en cadena la cual mueve otras variables de la economía, ya que incentiva o desalienta el consumo, pudiendo alterar los Índices de Empleo, el PBI y la inflación.

h) Política Monetaria

Los encargados de regular la Política Monetaria de un país son los Bancos centrales y uno de sus principales objetivos es regular la oferta monetaria y la tasa de interés.

La Política Monetaria puede ser expansiva o contractiva: es expansiva cuando incrementa la oferta monetaria y disminuye las tasas de interés. Es contractiva cuando reduce el dinero disponible o desacelera su oferta monetaria y sube las tasas de interés.

i) Inflación

Nos muestra el incremento generalizado de los precios de los bienes y servicios en un período de tiempo determinado.

Este índice refleja la pérdida del poder adquisitivo de la moneda. Por tal motivo una tasa alta de este indicador haría devaluar su moneda con respecto a otras.

j) Bienes duraderos

Son aquellos bienes que el consumidor o empresario no destinarán a venta en el corto o mediano plazo. Su utilización se llevará a cabo para fabricar productos, transporte y realizar las operaciones en sus diferentes ámbitos que una empresa necesita. Algunos de estos bienes duraderos son automóviles, electrodomésticos, maquinaría de fabricación, muebles, etc.

Si este indicador refleja cifras altas, puede ayudar a los inversores a tener una idea de sus potenciales ganancias ya que nos ofrece datos en bruto y ajustados estacionalmente, además de fortalecer su moneda.

V. ANALISIS DE COMMODITIES

Las materias primas esenciales para el funcionamiento de la economía mundial (también denominada Commodities) son de gran importancia para llevar a cabo muchas actividades de distinta naturaleza, como la producción industrial, el transporte, la agricultura y la tecnología.

Dependiendo de la situación económica de algunos países, los inversores deciden refugiarse en estos instrumentos, ya que pueden ser bastantes volátiles, esto implica grandes riesgos, pero a su vez grandes ganancias para los especuladores. Estos activos pueden negociarse en el mercado spot y el de futuros

En el mercado spot las transacciones y las entregas de los commodities son inmediatas y los sujetos intervinientes suelen ser los productores y empresarios con el fin de satisfacer sus necesidades en el corto plazo. En el mercado de futuros las transacciones y las entregas de los commodities son a plazo y los sujetos intervinientes además de los mencionados para el mercado spot se encuentran los inversores, cuyo objetivo es obtener una rentabilidad con el intercambio de contratos a plazo, especulando con la volatilidad de estos activos.

En este mercado los empresarios y los productores también realizan operaciones a plazo con el objetivo de protegerse de cambios bruscos en los precios, lo cual podría afectar en gran medida el costo de producción de estos activos.

Entre los mercados más conocidos en el mundo en los que se negocian estos activos, se destacan el CME Group y el London Metal Exchange. Aunque existen decenas en todo el mundo, que operan a través de plataformas online que además de operar en el mercado de divisas operan commodities, lo cual permite el acceso a todo tipo de inversores.

Para entender con la mayor profundidad posible la volatilidad de los precios de los commodities se requiere el análisis de cada uno en particular y hacernos determinadas preguntas como las siguientes:

¿Cuáles son los principales productores y consumidores de cada commodities?

¿Cuáles son sus principales aplicaciones?

¿Qué riesgos y rentabilidad podemos esperar de ellos?

Además debemos tener en cuenta algunos acontecimientos importantes, tanto en el ámbito económico como político, los cuales se hayan producido variaciones agresivas en los precios. También son de gran ayuda el análisis técnico y fundamental que son aplicables en el mercado FOREX.

Para entender el análisis de estos activos nos limitaremos a explicar cuatro de ellos: Petróleo Oro, Plata y Cobre.

a) Petróleo

También conocido como «el crudo» es un **recurso natural no renovable** y también es considerado la principal **fuente de energía** en los países desarrollados, ya que sus economías son funcionales a este activo.

Es normal medir los volúmenes de petróleo en **barriles** (de 42 galones, equivalente a 158,98 litros aproximadamente)

Para entender el comportamiento de los precios del petróleo en las últimas décadas es necesario conocer algunos aspectos fundamentales sobre el funcionamiento de la O.P.E.P.

A grandes rasgos la O.P.E.P (Organización de Países Exportadores de Petróleo) es una organización intergubernamental encargada de la gestión, la producción y la concesión de los precios del petróleo. Este organismo está constituido por 12 países (Argelia, Angola, Ecuador, Irán, Irak, Kuwait, Libia, Nigeria, Catar, Arabia Saudita, Emiratos Árabes Unidos, Venezuela).

La O.P.E.P puede tener una gran influencia en el mercado de petróleo, ya que controla entre el 40% y 45% de la producción mundial de petróleo y más del 80% de las reservas.

Por tal motivo a la hora de realizar contratos en este ámbito es aconsejable seguir de cerca las políticas y los planes de dicho organismo, además es necesario analizar las economías y las industrias de los Estados Unidos y China, ya que son los principales consumidores de petróleo del mundo y al igual que todos los bienes que cotizan en un mercado de competencia perfecta los precios «deberían» formarse por las leyes de la oferta y la demanda.

Esta potencialidad puede verse afectada por estrategias políticas de cualquiera de estos países o intereses empresariales del sector, que tienen la capacidad para reducir o aumentar la oferta de acuerdo a la cotización del precio del barril.

Otro elemento elemental a tener en cuenta son las energías renovables que pueden en gran medida sustituir al petróleo ocasionando una disminución en la demanda, por lo tanto una baja del precio. Aunque para algunos especialistas estamos lejos de que el petróleo sea reemplazado en su totalidad hasta tanto no se acaben las reservas, debido a que es bastante amplia la variedad de productos que pueden fabricarse con este espectacular recurso, que van desde combustibles, plásticos, aceites, gases, materiales para la construcción, dispositivos tecnológicos y cientos de productos que garantizaran una demanda estable en las próximas décadas.

Para terminar con la síntesis de este análisis, nombraremos algunos acontecimientos históricos que han producido una fuerte variación del precio de este commodity.

- 1990: en agosto la guerra del Golfo hace disparar el barril de Brent a más de $ 40 dólares, aunque en diciembre de ese mismo año **los precios del petróleo se desplomaron 40% ante la previsible derrota de Irak y gracias al auge tecnológico.**
- 1998: el precio del crudo disminuye a $14 dólares el barril, debido a un aumento de la producción de los países miembros de la O.P.E.P y una caída de la demanda por la crisis asiática.

- 2008: marca máximos históricos de $146 dólares el barril. Algunos analistas se lo atribuían a la especulación financiera, pero junto con la caída del Lehman Brothers y la explosión de la burbuja inmobiliaria en los Estados Unidos los precios se derrumban drásticamente.

- 2011: los conflictos en Egipto, Yemen y Bahréin, sumando la Guerra en Libia generan un Incremento de la demanda, en países como India y China, superando los $100 dólares el barril

- 2015: Los especialistas aseguran que la sobre producción del petróleo generada principalmente por Arabia Saudita, beneficiando a su aliado el gran consumidor de crudo, Estados Unidos y perjudicando a grandes productores como Venezuela y Rusia hace caer el precio a menos de $50 dólares el barril.

b) Oro

Las aplicaciones más utilizadas que hacen incrementar su demanda son:

Monedas: desde la antigüedad se ha utilizado el oro para tallar monedas, utilizándolas como medio de cambio y en la actualidad su uso sigue vigente, aunque con menor pureza.

Joyerías: uno de sus principales usos son los accesorios de lujo, como los anillos, relojes, pulseras y diferentes clases de adornos bañados y con diferente grado de pureza.

Deseado por muchos y adquiridos por pocos, este metal preciosos tiene diversas aplicaciones, aunque la más conocida sea la joyería, debemos tener en cuenta otros rubros

En la industria de la odontología: por sus atributos es utilizados en la producción de coronas y puentes dentales.

Industria eléctrica y computación: se encuentra presente en distintas variedades de electrodomésticos, circuitos y en chips de memoria.

A pesar de la revolución tecnológica que atraviesa el planeta en los últimos 30 años, su principal aplicación sigue siendo las monedas y la joyería, ya sea para usarlo como tal o a modo de inversión.

Los principales generadores de oferta del oro (países productores) son China, Estados Unidos, Rusia y Australia, por otra parte los principales generadores de demanda (países consumidores) son La India, China y los Estados Unidos.

Aun después del *patrón oro* las naciones a través de sus Bancos centrales deciden aumentar sus reservas de oro, ya que a diferencia de otras divisas como el euro o el dólar, no se devalúa o valúa por políticas que puedan aplicar los gobiernos, sino por el contrario su precio se forma por la ley de la oferta y la demanda.

Por regla general cuando una crisis financiera atraviesa a las principales potencias, el oro tiende a aumentar su valor, ya que sus monedas caen y los Bancos deciden refugiarse en el metal amarillo.

Otro factor que puede hacer crecer el valor del oro son las bajas tasas de intereses de los Bancos y los Bonos.

Al igual que todos los commodities que cotizan en el mercado de capitales existen varias formas de invertir en ellos, en el caso del oro en particular sus alternativas son las siguientes:

1) *Comprar oro tangible:* en barras, en joyas, relojes, etc. Esperando que se valúe y al mismo tiempo poder disfrutar de su posesión.

2) *CFD (Contract for difference):* son contratos que replican un activo financiero, en este caso el oro. Cada vez que el metal incremente o disminuya su valor, el CFD seguirá su misma suerte.

3) ETF (Exchange-Traded Funds): son fondos de inversión que se dedican exclusivamente a operar con oro, ya sea con contratos o con reservas de oro.

4) *Acciones de empresas productoras y/o comercializadoras de oro:* en este caso hay que tener en cuenta que el precio del oro no necesariamente seguirá la misma dirección que el precio de las acciones de una empresa minera de oro. Esto puede deberse a diversos motivos, como el aumento del costo de extracción, aumento de coste de transporte, etc. Lo cual implica un arma de doble filo a la hora de elegir esta alternativa para los inversores

c) Plata

Al igual que el oro también es considerado un metal precioso, su valor es inferior, pero su gran ventaja es la variedad de usos en la cual es utilizado.

El precio de la plata suele moverse en la misma dirección que el precio del oro por razones similares a las explicadas anteriormente.

Otra similitud con el oro es su aplicación en monedas de intercambio y otros fines de ornamentación.

Unos de los factores por el cual el precio de la plata aumenta son por el incremento de la demanda, gracias a la pérdida de confianza de algunas monedas fiduciarias por parte de los inversores. Por tal motivo le resulta atractivo a los inversores refugiarse en este commoditie. Además la demanda de la plata garantiza su aumento o estabilidad debido a su diversidad de aplicaciones como la joyería, monedas metálicas, paneles solares, teléfonos celulares, espejos, interruptores eléctricos, baterías y cientos de usos industriales.

Inversamente al oro, la plata es utilizada mayoritariamente en estas aplicaciones y en menor medida en monedas metálicas y joyería. Pero en ambos casos los inversores desean estar presentes, mediante CFD, acciones de compañías mineras o incluso con la compra de lingotes.

d) Cobre

El cobre suele seguir la misma suerte que la economía chilena ya que este país es su principal productor.

Se emplea principalmente en la fabricación de cables eléctricos, motores eléctricos, aparatos electrodomésticos, telecomunicaciones y computación, siendo el metal no precioso con mejor conductividad eléctrica.

A nivel mundial China es el principal consumidor de cobre responsable de alrededor del 30% de la demanda total. El precio del cobre puede verse afectado por ambas partes.

En cuanto al mercado chino es considerado un motor en la economía mundial que viene creciendo exponencialmente. Por tal motivo ha venido incrementando su consumo de toda clase de commodities y del cobre en este caso en particular.

Una caída en la economía de China puede hacer caer su consumo y el precio del cobre, mientras no aparezca otro mercado sustituto para satisfacer la oferta de cobre proveniente de Chile.

A diferencia del oro y la plata, el cobre no es un metal precioso y los inversores no pueden comprarlo físicamente para conseguir un resultado por tenencia (salvo que cuenten con grandes espacios físicos para guardar toneladas) lo cual si deseamos invertir en este commodities podemos optar por las siguientes 3 alternativas:

- Contratos futuros de cobre: los CFD

- Acciones de empresas mineras de cobre: aunque en ocasiones no siguen necesariamente la misma suerte que el mineral que explotan.

- Pesos chilenos: la devaluación y revaluación del pesos chileno tiene una gran correlación con el cobre por ser una parte muy importante de su economía.

VI. EL MERCADO DE BIENES RAICES

Se considera activos de bienes raíces a los activos que se caractericen por estar ligados al suelo, tales como parcelas, casas, departamentos, etc. Ya que son imposible de trasladar de un lugar a otro porque se encuentran anclados al suelo. Estas características hacen que estos activos posean un marco de análisis algo diferente al resto de los activos financieros estudiados hasta el momento.

El sector de bienes raíces suele ser un termómetro en muchas economías del mundo, lo cual implica que en épocas de crecimiento los precios de los inmuebles suelen inflarse (momento ideal para vender) y en caso de recesión suelen ocurrir todo lo contrario (momento ideal para la compra).

Muchas veces existen posibilidades de hacer negocios con personas las cuales están sesgadas por una determinada propiedad, ya que cada propiedad es única y diferente al resto, ya sea por su ubicación o construcción. Esto les da la posibilidad a los inversores de vender a un precio inflado en algunas ocasiones, independientemente de la situación económica de cada país

Estas oportunidades pueden conseguirse en diferentes lugares. Como por ejemplo en anuncios de periódicos, Brókers inmobiliarios, Bancos, incluso en agentes de bolsa.

Los agentes inmobiliarios son quienes pueden asesorarte sobre las ventajas y desventajas de cada propiedad y sobre el futuro desarrollo urbano de la zona. Los Bancos y los agentes de bolsa son quienes administran fideicomisos inmobiliarios y paquetes de hipotecas los cuales se pueden acceder a un precio menor que el precio del mercado.

Cabe destacar la intención con la que cada individuo desea hacer una inversión en este mercado, que prácticamente son dos:

- Comprar una propiedad y obtener una renta periódica con el alquiler de la misma;

- Comprar una propiedad con la idea de que esta incremente su valor en el futuro.

Como puede apreciarse no hay mucha diferencia con el mercado bursátil en el cual los inversores compran acciones con la idea de que se revalúen en el futuro o simplemente para percibir dividendos.

Pero a diferencia del mercado bursátil influyen otra clase de variables, además de las económicas, como las edificaciones de que se realizan alrededor del inmueble que son las que harán incrementar su valor en el futuro y la multitud de personas que pueden atravesar esa propiedad a diario, ya sea por índole comercial, industrial o residencial.

Generalmente ingresar al mercado inmobiliario puede tener un alto costo de entrada, pero hay que tener en cuenta que existen maneras más accesibles de ingresar, como por ejemplo fideicomisos inmobiliarios o comprando acciones de empresas del rubro inmobiliario y la construcción.

Es necesario entender que comprar inmuebles para vivienda, veraneo o recreo de fines de semanas no es considerado una inversión, sino un gasto, ya que no se espera una rentabilidad en el futuro. Simplemente es un gusto o necesidad personal y tal vez sea utilizado como un refugio de los ahorros para mantener una estabilidad en el capital.

Una alternativa muy utilizada por los inversores es el crédito para obtener una propiedad y luego rentarla. Con la renta que genera dicho alquiler pagar todo o parte de las cuotas del crédito. Pero por principio general es aconsejable «no tomar nunca un crédito con la intención de devolverlo con la rentabilidad que nos brinde ese mismo negocio».

Por tal motivo si deseamos utilizar esta alternativa deberíamos tener otros ingresos para amortizar las cuotas, con el fin de minimizar riesgos ante imprevistos.

VII. OTROS CANALES DE INVERSION

a) Fideicomiso

El fideicomiso es una figura o contrato en el cual una de las partes (el fiduciante) recibe bienes o derechos a favor de otra parte (fiduciaria) para que este ultimo los administre o invierta a favor de un tercero llamado beneficiario o fideicomisario.

Los bienes que afectan al contrato del fideicomiso, no pertenecen a ninguna de las partes en particular y no corre riesgo de quiebra, ni de ser alcanzado por acreedores. En otras palabras el fideicomiso permite que el patrimonio de una persona o empresa pueda ser separado del resto de su patrimonio con el fin de protegerlo ante cualquier riesgo comercial de parte del fiduciante y del fiduciario.

Las alternativas más comunes y utilizadas para establecer un fideicomiso, son el fideicomiso financiero y el fidecomiso inmobiliario.

Fideicomiso financiero: la característica principal de este fideicomiso es que sus activos son flujos financieros. Es un mecanismo que implica la titularización y emisión de títulos de deuda o participación de un fideicomiso financiero.
De parte de los inversores puede ser una herramienta para canalizar sus ahorros. Por parte de las empresas en caso de tener una cartera de créditos, puede adelantar su flujo de efectivo mandándolo a un fideicomiso, con la promesa de ir pagando los títulos emitidos a medida que vaya cobrando esos créditos.
Las calificadoras de riesgos tienen en cuenta principalmente la calidad de los créditos y no de la empresa para garantizar que un fideicomiso de estas características sea líquido a la hora de afrontar los pagos.

Fideicomiso inmobiliario: en este caso los activos del fideicomiso son inmuebles, siendo un instrumento para el desarrollo de emprendimientos inmobiliarios con fondos de terceros.

El caso clásico de este negocio se da cuando un propietario de un terreno lo cede para la construcción de un edificio y potenciales inversores tienen la posibilidad de adquirir un departamento aportando fondos periódicamente hasta que el proyecto haya finalizado. El propietario juega el papel de fiduciante, el desarrollador de administrador fiduciario y los beneficiarios son los compradores. Concluido esta etapa los beneficiarios obtienen un título de propiedad de cada departamento.

Otra clase de fideicomiso muy utilizado es el fideicomiso agropecuario o pool de siembra, en el cual mediante grandes arrendamientos de tierras, insumos y todo el equipamiento para la siembra y cosecha, un grupo de inversores aportan dinero para contratar estos bienes y servicios para luego distribuir las ganancias entre los beneficiarios del fideicomiso.

Algunas de sus beneficios más importantes del fideicomiso en general son:

- Manejo profesional y especializado del negocio.
- Diversificación del riesgo.
- Acceso a grandes inversiones que de otra manera seria imposible acceder.
- Separación patrimonial del fiduciario y fiduciante.

En cuanto a sus desventajas debemos tener en cuenta que cada país regula de diferente manera a esta figura, lo cual dependiendo de cada jurisdicción puede tener mayores cargas impositivas y mayores costos de formalizar este contrato.

b) Franquicias

Se define como una concesión de derechos de explotación de un producto, actividad o nombre comercial, otorgada por una persona a una o varias personas en una zona determinada.

El acuerdo se pacta entre el franquiciador que es el sujeto quien concede los derechos de explotación y el franquiciado, siendo el destinatario de esos derechos.

El elemento principal de la franquicia es el «*saber hacer*» que otorga el franquiciador al franquiciado, es decir la práctica que brinda el conocimiento o habilidad para comercializar o fabricar un producto o un conjunto de ellos o la prestación de algún servicio. A cambio de esta sesión el franquiciador recibe una regalía.

El cedente de la franquicia establece de antemano la manera en la cual se llevara a cabo el negocio: el contenido de los productos y servicios que se van a ofertar, precio, calidad del producto, etc. El cedente también tiene a cargo la capacitación del franquiciado en todos sus aspectos relativos al negocio, como la forma de publicitar, la utilización de determinados programas de gestión y facturación, consejos sobre capacitación y selección de personal, etc.

Por estos motivos el contrato de franquicia es considerado un contrato de adhesión, prácticamente en todos los países del mundo.

Una de las causas de éxito de las franquicias se debe a la combinación de dos factores importantes: la posibilidad de ser propietario de un negocio combinado con las habilidades de gestión de las grandes compañías, esto disminuye el grado de fracaso que tienen los inversores.

Como todo emprendimiento o inversión existen ventajas y desventajas del negocio. En el caso de la franquicia puede darse en ambos lados, desde el lugar del franquiciado y del franquiciador.

El franquiciador (ventajas)

- No tiene que hacer ninguna inversión para obtener rentabilidad, aunque existen costos adicionales para guiar y ayudar a gestionar al adquirente de la franquicia.

El franquiciador (desventajas)

- El cedente de la franquicia no puede controlar el negocio del adquirente en su totalidad, esto hace que en cierta medida se encuentre atado a la buena voluntad del adquirente y ante cualquier falla de este último las consecuencias pueden ser nocivas para ambas partes, inclusive para toda la cadena de franquicias de ese negocio.

El franquiciado (ventajas)

- El adquirente puede formar un negocio con un nombre conocido y prestigioso que en el pasado ha tenido éxito.
- La publicidad propia del adquirente más la publicidad del resto de las sucursales y otras franquicias hacen que ambas partes se beneficien mutuamente.
- Gracias al asesoramiento del cedente y teniendo en cuenta que es un formato de negocios comprobado hacen que se minimicen las probabilidades de fracaso.
- Mejores condiciones para la obtención de materia prima para generar el producto.
- No hay costos en investigación y desarrollo, ya que es el franquiciador el encargado del tema.
- El respaldo de un nombre comercial prestigioso.

El franquiciado (desventajas)

- El cedente puede supervisar y exigir estándares de mantenimientos elevados y apariencias de acuerdo al convenio.
- Las regalías que debe abonar generalmente es un porcentual de los ingresos o beneficios.
- Falta de libertad en caso de vender el negocio. El cedente tiene la capacidad de oponerse a la venta del fondo de comercio, ya que es el propietario de la marca.
- Todas estas desventajas pueden hacer pensar al adquirente que realmente existe una falta de autonomía con respecto a su propio negocio.

c) Inversores Ángeles

Un inversor ángel (en inglés Business Ángel, abreviado B.A.), también llamado padrino inversor o inversor de proximidad, es un individuo que provee capital para un **Start-Up**, usualmente a cambio de **participación accionaria**. Además del capital financiero, aportan sus conocimientos empresariales o profesionales adecuados para el desarrollo de la sociedad o emprendimiento en la que invierten. Los ángeles típicamente invierten sus propios fondos, no como las **entidades de capital de riesgo,** quienes administran profesionalmente dinero de terceros a través de un fondo.

En otras palabras los inversores ángeles son personas o entidades que están interesadas en promover la iniciativa empresarial y participar en un buen negocio.

Un número cada vez mayor de ángeles inversores se están organizando en redes, grupos o clubes de ángeles para compartir esfuerzos y unir sus capitales de inversión.

Muchos emprendedores que tienen complicaciones a la hora de acceder a créditos bancarios se dirigen a esta clase de inversores, ya que generalmente son emprendimientos nuevos o con poco tiempo en el mercado y para alcanzar mayor eficiencia y desarrollo necesitan algún tipo de financiación, ya sea de fondos, infraestructura o simplemente con el objetivo de acceder a ciertos mercados. Estos fondos muchas veces no son devueltos, sino que los inversores ángeles se vuelven accionistas y en algunos casos recuperan todo lo invertido con creces cuando la empresa es lanzada en oferta pública o cuando empiece a obtener gran rentabilidad.

Algunos de los requisitos que buscan los inversores ángeles para financiar un proyecto son los siguientes:

1) *Tasas de rendimientos más alta que las de un negocio promedio*: el riesgo que corre esta clase de negocios suele ser superior a los créditos otorgados por una institución bancaria, por ende es necesario que sus tasas de rendimientos esperadas sean exponenciales.
2) *Un gran emprendedor con una idea innovadora:* está claro que la primer etapa del emprendimiento es la más complicada y ahí es donde muchos emprendedores se frustran por no obtener los resultados esperados, por este motivo, los ángeles buscan emprendedores que tengan una gran visión en el futuro, pasión y motivación por su negocio. Los inversores ángeles son conscientes que en muchas ocasiones pueden tardar años en obtener utilidades y recuperar la inversión, así que el emprendedor debe ser claro exponiendo sus ventajas para lograr los objetivos y convencerlo.
3) *El plan de negocios*: muchas veces los emprendedores tienen grandes ideas con potenciales beneficios. Pero debido a la falta de experiencia se les hace complicado estructurar un determinado plan de negocios. Para esto deben lograr comunicar con precisión objetivos claros de su idea o iniciativa empresarial. Los inversores ángeles en algunos casos pueden rechazar la propuesta de los emprendedores por falta de claridad y en otros casos los asesoran, guiándolos por el sendero correcto para no cometer los errores que cometen muchos emprendedores principiantes.
4) *Establecer con claridad las reglas de juego*: se debe tener en claro que los inversores ángeles no manejan el negocio del emprendedor, pero tampoco es un sujeto aislado que solo espera utilidades, sino que debe estar a disposición para las dificultades que puedan surgir

en el proyecto, sobre todo en la primera etapa que es donde atraviesan las mayores dificultades. Para esto es necesario que exista una buena relación entre el inversor ángel y emprendedor. La buena comunicaron y las reglas clara de juego pueden ser la clave para el éxito en esta clase de acuerdos.

5) *La sinergia entre las partes*: en las últimas décadas los inversores ángeles han formado grupos especializados en cada sector (derecho, economía, marketing, tecnología, contabilidad, etc.) con el fin de poder brindarle la mayor cantidad de recursos a los emprendedores y así minimizar el riesgo lo menos posible.

Si los ángeles les brindan gran cantidad de recursos humanos y de capital a los emprendedores quiere decir que confían en él y en su proyecto, por tal motivo el emprendedor debe estar abierto a nuevas ideas y posibles cambios que los ángeles pueden establecer a modo de sugerencia o a modo de directiva dependiendo de cada caso concreto.

VIII. HERRAMIENTAS DE PREVENCION

Este apartado pretende hacer una introducción a algunas prácticas fraudulentas en el mundo de los negocios, con el objetivo de tomar alguna medida de precaución de manera anticipada, evitando perder dinero y sobre todas las cosas, teniendo en cuenta que si una inversión no nos brinda números positivos, que no sea a causa de un engaño o timo el cual le dimos lugar gracias a brindarle un exceso de confianza a la otra parte o simplemente por no estar alerta cuando la situación lo amerite.

Como pilares de este tema he decidido abordar el «*el lavado de activos y el sistema Ponzi*»

a) Lavado de activos

Consiste en transformar los fondos provenientes de actividades ilícitas en fondos con una apariencia legal, logrando que circulen sin problemas en cualquier mercado.

El Grupo de Acción Financiera sobre el Lavado de Capitales (GAFI) plantea que este delito se atraviesa normalmente en tres etapas:

1) Colocación

Ésta es la etapa inicial del proceso, se intenta introducir montos de efectivo, divididos en sumas pequeñas, dentro del circuito financiero legal. Los métodos más utilizados en esta etapa son:

- Envío de grandes cantidades de dinero en efectivo sacándolo fuera del país o trasladándolo a zonas comerciales para no llamar la atención.
- Realizar pequeñas cantidades de depósitos en cuentas bancarias, por debajo de los límites que obliguen al reporte de las instituciones financieras. También conocido como pitufeo.

- Convertir el dinero en bienes que sean fácilmente negociables, tales como metales, piedras preciosas u obras de arte.
- Empresas receptoras de grandes cantidades de efectivo y difícil control fiscal como es el caso de boliches, restaurantes, casas de cambio, casinos, etc.

2) Estratificación o intercalación o diversificación o conversión

Esta etapa, consiste en intercalar por medio del depósito bancario o por transferencia electrónica en varios negocios e instituciones financieras, con el objetivo de cambiar la ilicitud de los orígenes de los fondos.

Cuando el dinero llega a circular de forma bancarizada, se realizan reiterados movimientos que tienden a ocultar y confundir su origen, utilizando por ejemplo el envío de los fondos a paraísos fiscales con el fin que dichos fondos circulen en diferentes países, instituciones bancarias y cuentas realizadas por distintas personas físicas o jurídicas.

3) Integración o inversión

Este es el proceso final, aquí se realizan todo tipo inversiones, el dinero es colocado en la economía, con apariencia de legalidad, utilizando diferentes mecanismo, cuyo objetivo principal es hacer perder el rastro del origen de los fondos y dificultar su verificación por parte de las autoridades, quitando evidencias .

A continuación se mencionan algunas de las prácticas y maniobras más habituales del lavado de activos:

- *Ttrabajo de hormiga o pitufeo*: Se dividen y reorganizan las grandes cantidades de dinero en pequeñas partes, con el objetivo no levantar sospechas ante el fisco.

- *Ayuda de funcionarios público*: Existen países con alto grado de corruptibilidad en el cual a través de una dadiva indirecta los empresarios que ingresan dinero ilícito al mercado no pasan por todos los controles que especifiquen las leyes financieras y fiscales.
- *Ayuda de instituciones financieras*: En los últimos años se han encontrado casos que las instituciones financieras además de no exigir la documentación que le corresponde a los empresarios, le posibilitan utilizar la banca como puente hasta que el dinero desemboque en un mercado legal.
- *Combinar*: las organizaciones colocan en una misma masa de capital el dinero proveniente de actividad ilícita como legal.
- *Empresa fantasma*: Es la clásica empresa que solo figura en sus papeles y realiza poca y ninguna actividad comercial. Su objetivo es declarar los ingresos según su actividad declarada, pero la realidad es que el dinero proviene de otro ámbito.
- *Compraventa de bienes*: Los lavadores logran infiltrar grandes sumas, que obtienen con las revaluaciones de algunos bienes, sobre todo cuando no son registrables, como cuadros, obras de artes,etc.
- *Transferencias:* Ya sea utilizando Bancos o procesadores de pago, el crédito y débito de transferencias son utilizados para no declararlo en su país de residencia o simplemente para volcarlos al mercado legal, ya que en ocasiones estas instituciones no les piden demasiadas explicaciones a sus clientes
- *Facturas apócrifas*: En este caso el servicio o producto descripto en la factura es inexistente, pero el monto detallado es el que se blanqueara. Este es uno de los mecanismos más utilizados debido a su difícil control en algunos sectores
- *Préstamos bancarios*: Con la adquisición de un determinado prestamos las organizaciones se benefician con su doble rol: obtienen bienes y generan nuevas fuentes de ingresos.

b) Sistema Ponzi

El esquema Ponzi o sistema piramidal es una operación fraudulenta de inversión que implica el pago de intereses a los inversores de su propio dinero invertido o del dinero de nuevos inversores. Las promesas suelen ser de grandes cantidades de intereses, pero solo funciona cuando crece la cantidad de inversores, en caso contrario se genera una especie de burbuja y es imposible de pagar estos intereses. No es muy diferente del sistema de pensiones y jubilaciones que utilizan casi todos los Estados del mundo en la cual se pagan con contribuciones de personas que aportan en la actualidad.

Pero lo corrosivo de este sistema es que se basa en la falta de regulación, ya que no se puede hacer frente en el caso de que todos quieren su dinero en el mismo momento, inclusive ninguna institución financiera y bancaria del mundo puede responder ante tal acontecimiento, debido a que sus bases son la confianza y ante falta de la misma por parte de los inversores no tardarían mucho tiempo en llegar a la quiebra. Pero existe un sistema legal que defiende a los ahorristas de instituciones bancarias reguladas, pero no sucede lo mismo con el sistema Ponzi.

Este sistema fue popularizado por el estafador italiano Carlo Ponzi, quien vendía los cupones de respuesta internacional de correos en Estados Unidos a un precio mayor gracias al tipo de cambio. Así que decidió divulgar la idea para conseguir capital y muchos decidieron apoyarlo.

Si bien se comenta que en un principio Ponzi utilizaba el dinero para la compra/venta de cupones, la realidad es que a medida que pasaba el tiempo pagaba intereses superiores al 30% mensual solamente con el dinero de los nuevos inversionistas.

Durante los primeros meses todo era un éxito y Ponzi cumplía con lo prometido, incluso mucha gente quería confiarle su dinero sin saber en verdad que estaba sucediendo y de que se trataba este método. Solamente escuchaban sobre las ganancias astronómicas que se conseguían allí y depositaban su dinero, sin mensurar ningún tipo de riesgos. Claro que por aquel entonces el mundo no se encontraba informatizado y la mayoría de las personas confiaban en la simple palabra sin documentos de respaldo.

En agosto de 1920 declararon a Ponzi en bancarrota. El fraude había salido a la luz y era imposible de seguir sosteniendo tal sistema.

En la actualidad gracias al fácil acceso a la información no se han encontrado muchas clases de estas estafas, pero es bueno tenerla en cuenta para no ser víctima de ello, teniendo en cuenta los siguientes factores que son característicos del sistema Ponzi:

- Promesa de altos beneficios a corto plazo
- Obtención de beneficios financieros que no están bien documentados
- Dirigido a un público con poco conocimiento financiero
- Se relaciona con un único promotor o una única empresa
- La empresa no se encuentra registrada y controlada ante un ente regulador

Este esquema funciona con el único objetivo de la captación de dinero, sin productos o servicios de por medio, que por otro lado son la base de un esquema de redes legal. Se requiere que el número de participantes nuevos sea mayor al de los existentes, por ello se le da el nombre de pirámide.

IX. OTRAS HERRAMIENTAS APLICABLES EN DIVERSOS MERCADOS

a) Simulador de clientes

El simulador de clientes es considerado una técnica de ventas que no se enseñada en ningún curso de ventas por ser considerada inmoral, aunque es aplicada en muchas empresas. Consiste en la visita de un conjunto de potenciales clientes (enviados por el vendedor como clientes encubiertos) a diferentes tiendas, preguntando por un producto determinado a los dueños o vendedores de la tienda en reiteradas ocasiones, con diferentes clientes potenciales en diferentes momentos. Así, luego el vendedor del producto se acerca ofreciéndolo y luego de que los dueños de la tienda hayan escuchado a sus clientes pidiendo dicho producto en reiteradas ocasiones accede a la compra, colocándolo en su tienda.

La principal desventaja es que puede ser ampliamente rechazado en el mercado minorista, ya que el producto puede llegar a las tiendas fácilmente, pero nada garantiza tener buena aceptación por los consumidores finales.

b) La Negociación

La negociación surge de la necesidad de resolver un conflicto entre dos o más personas. Cada parte tiene la posibilidad de que la otra cumpla o no sus objetivos y debe conseguir un punto de equilibrio para que ambas terminen favoreciéndose recíprocamente.

Dentro de este ámbito estratégico son normales situaciones de conflictos y cooperación, lo cual no alcanza solamente con que cada parte defienda sus propios intereses, sino que también deben estar atentos a los objetivos de la otra parte, de lo contrario puede desatarse en un desacuerdo prematuro.

Entonces podríamos decir que un gran negociador es aquel que puede identificar como satisfacer las necesidades de la otra parte, cediendo lo menos posible. Esta descripción puede ser válida desde un punto de vista económico, pero las personas con valores deben tener en cuenta la moral y ética de cada situación en particular y de permitir ampliar el margen de recursos que pueden ceder.

Hay que tener en cuenta que nunca hay una negociación igual a la otra, por eso debemos conocer nuestras debilidades y fortalezas y de ser posible las de la otra parte, para tener indicios de cómo debemos actuar en cada ocasión.

El proceso de negociación suele ser en la mayoría de los casos un juego de información incompleta y mientras mayor información consigamos, con más éxito nos manejaremos en este ámbito.

Otro punto a resaltar es el lugar de donde se realiza la negociación, que pueden ayudar o perjudicar a las partes si no se tiene en cuenta algunos factores.

Ventajas de negociar como local: debido a que la otra parte viene a nosotros nos pone en una situación de poder. Nos permite manejar el entorno, dando la imagen que queremos que la otra parte tenga de nosotros.

Ventajas de negociar como visitantes: nos brinda la posibilidad de obtener información acerca de su entorno.

En cuanto a las *desventajas* son la contraparte de las ventajas mencionadas, mientras que en un territorio neutral se diluyen las ventajas y desventajas de ambas partes.

Otro factor a tener en cuenta es nuestra imagen la cual debemos diferenciarla en tres aspectos:

- Lo que realmente somos
- Lo que creemos que somos
- Lo que la otra parte cree que somos

Entender estos aspectos en el transcurso de la negociación, nos permite abarcar con gran flexibilidad la comunicación verbal y no verbal que debería ser modificada en función de la actitud y necesidades de la otra parte.

En la mesa de la negociación existen dos objetivos o estrategias diferentes en la cual se puede enfocar cada parte:

Ganar-Ganar: se intenta llegar a un acuerdo que resulten beneficiosos para ambas partes

Ganar-Perder: cada parte intenta conseguir sus intereses perjudicando a la otra parte.

Mientras que en la estrategia «*ganar-ganar*» se ve a la otra parte como un colaborador, en la estrategia «*ganar-perder*» se lo ve como aun contrincante.

Ambas estrategias resultan antagónicas una de la otra, pero hay que tener en cuenta que en la mayoría de los casos la negociación se entiende como un juego de sumas cero, lo que gana una parte lo pierde la otra.

Por último hay que aclarar que en ocasiones es difícil mensurar los resultados de la negociación, pero podemos decir que una negociación exitosa es aquella que genera confianza y cumplen con el compromiso entre ambas partes, consiguiendo la satisfacción y el beneficio reciproco.

c) Técnicas de Ventas

La venta es un proceso que permite al vendedor identificar y satisfacer las necesidades del actual o potencial cliente. Es útil en todos los aspectos de nuestra vida, siempre estamos vendiendo algo. Una idea, un producto, un servicio, inclusive a uno mismo en el caso de una entrevista laboral.

El vendedor debe tener la habilidad de persuadir, identificar la necesidad de compra de sus clientes o crearla de ser necesario.

El vendedor debe tener en cuenta algunos de los factores más importantes que motivan a los compradores a gastar su dinero y satisfacer sus necesidades:

La moda: lo último que ha salido en el mercado. En este caso los compradores pueden cambiar fácilmente de opinión.

Intereses: los individuos valoran lo que obtienen, en base a la relación coste/beneficio y exige argumentos sólidos.

Comodidad: buscan un producto a medida o una solución clara para sus problemas, no quieren molestarse por nada. Esta clase de compradores pueden pagar un sobreprecio por los productos o servicios que desean adquirir.

Afecto: lo caracteriza su fidelidad con las relaciones. Hay que hacer énfasis en la buena comunicación y los detalles personales.

Seguridad: es muy exigente con los acuerdos y no se siente cómodo de los cambios por miedo a lo desconocido.

Orgullo: prioriza el estatus, destacarse del resto. Hay que trátalo como una persona importante.

El vendedor, al identificar las necesidades del cliente debe tener la capacidad de adaptarse a su lenguaje, demostrando interés para detectar señales y anticiparse de lo que piensa.

Técnicas de preguntas

Estas preguntas le permiten guiar la conversación hacia el lugar donde desee el vendedor con el fin de obtener información de las necesidades del cliente y así ofrecer el producto adecuado, presentándolo satisfactoriamente de la mejor forma posible.

1) Preguntas abiertas: el cliente puede responder libremente, permitiéndonos obtener información tanto de sus necesidades como de sus opiniones y así ofrecer una solución adecuada.
2) Preguntas cerradas: el cliente solo puede responder «si» o «no» o responder alternativas, de esta manera podemos guiar la conversación hacia donde nos interesa.
3) Preguntas de influencia: el cliente nos responde en la manera que nosotros deseamos, con el fin de enfrentar objeciones o que el cliente exprese su conformidad.
4) Preguntas de necesidad: nos permite conocer problemas concretos como necesidades insatisfechas o disconformidad con servicios actuales.

Es necesario entender que estas preguntas no deben ser hechas en forma de interrogatorios, ya que pueden incomodar al cliente. El objetivo es conocer su perfil y detectar sus necesidades

Presentación y descripción del producto o servicio

Antes de presentar las características del producto o servicio, es recomendable hablar de sus beneficios, emplear un lenguaje positivo e intentar anticipar las objeciones que al cliente le puedan surgir. De ser necesario dar ejemplos y darle la libertad al cliente para decidir entre diversas alternativas posibles.
Por otra parte debemos intentar aumentar la cantidad de objeciones, ya que nos proporcionan las siguientes ventajas en el proceso de venta:

- Se puede obtener mayor información del cliente. Revelan sus preocupaciones y si son bien tratadas, podemos generan una imagen más confiable.
- Demuestra interés en el cliente. El cliente que no expone su objeción no está participando en el proceso de compra/venta y puede que haya perdido el interés. Nuestro objetivo es saber cuál es la razón.
- La principal objeción que puede tener el cliente puede ser el precio, la cual debe ser revertida dando a conocer las ventajas y beneficios que el producto/servicio proporcionan.

Otras objeciones frecuentes son:

- La confusión, la cual se debe aclarar;
- Un escepticismo, se deben utilizar ejemplos;
- Una desventaja, se debe minimizarla resaltando sus ventajas.

El proceso final de la venta es el cierre o la propuesta final que dará por concluido el pacto, acuerdo o transacción.
Existen algunas técnicas para cerrar una venta de forma exitosa, aunque ninguna de estas lo garantiza, solamente incrementan sus posibilidades que son las que se detallan a continuación:

1) *Cierre por alternativas:* consiste en ofrecer dos o más alternativas. Esta técnica suele ser muy exitosa cuando se destacan sus beneficios y al mismo tiempo de resolver las necesidades del cliente.
2) *Cierre por amarre:* primero se presenta una idea y luego se realiza una pregunta que implique una afirmación positiva, de tal manera que sea el comprador quien se vaya convenciendo poco a poco de adquirir el producto o servicio.
3) *Cierre puerco espín*: consiste en responder a una pregunta con otra pregunta. Generalmente mientras más preguntas hagamos, mayor información obtendremos del cliente y así entender lo que él realmente quiere.
4) *Cierre por equivocación:* consiste en utilizar la equivocación intencionada para saber si el cliente está preparado para comprar.
5) *Cierre por compromiso:* la idea es transformar la objeción del cliente en una solución y al mismo tiempo un compromiso.
Un claro ejemplo se da cuando el comprador busca un auto de un color que no se encuentra disponible en la misma concesionaria y el vendedor lo consigue a cambio de que el potencial cliente se comprometa a la compra de este.
6) *Cierre por eliminación:* después de varios cierres frustrados se realizan una batería de preguntas al cliente hasta conocer la objeción concreta con la idea de proponer una solución a su necesidad.
7) *Cierre rebote:* consiste en convertir la objeción del cliente en la razón por la cual se puede concretar la venta.
Por ejemplo ante la objeción de un precio elevado, se puede mencionar la facilidad de financiamiento disponible.

d) Psicología del Inversor

Tal vez tener los conceptos claros de lo que realmente queremos hacer con nuestro dinero es una de la parte más importante de las inversiones.

Si no sabemos a qué riesgos nos enfrentamos o hasta donde estamos dispuestos a seguir, probablemente fallemos con mayor frecuencias que aquellos que si tienen en claro esta idea.

Para empezar sería bueno entender que tipo personalidad tenemos y como encajamos para cada inversión.

Muchas veces los inversores y ahorristas piden consejos a economistas, asesores financieros y gente de negocios sobre cuál es la inversión perfecta. Siendo este interrogante, imposible de responder de manera aislada, sin tener en cuenta los factores y objetivos de cada sujeto en particular, como su edad, su capital disponible, el riesgo que están dispuesto a afrontar y el tiempo en el cual deseen disponer de sus fondos. Por este motivo es necesario analizar a cada tipo de inversor y dependiendo de sus rasgos y características invertirá en diferentes clases de negocios y con diferentes riesgos. A grandes rasgos podemos mencionar a tres perfiles de inversores: *el inversor agresivo, el inversor moderado y el inversor conservador*.

El Inversor Conservador: esta clase de inversores se caracteriza por tener poca tolerancia al riesgo y a las fluctuaciones del mercado que puedan hacer peligrar su dinero. En ocasiones es muy difícil persuadir a estos inversores de invertir en la bolsa de valores, sobre todo en países con poca educación financiera como lo son algunos de los países de Latinoamérica. Prefieren tener su dinero en inversiones más conservadoras como puede ser un plazo fijo en un Banco.
En el caso de invertir en La Bolsa suelen invertir todo su dinero (o casi todo) en Renta Fija, preferentemente en Bonos del Estado Nacional, cauciones y obligaciones negociables de grandes compañías.
Estos inversores tienen un horizonte de inversión de largo plazo y sus rentabilidades no son muy grandes, tal vez puedan ganarle a la inflación con un margen muy pequeño. En el caso de encontrar grandes oportunidades y bajo riesgo en la Renta Variable, analizaran la situación particular para invertir en ella, pero no más de un 10% o 20% de su capital.

El Inversor Moderado: este perfil de inversor invierte alrededor del 50% en Renta Variable y 50% en Renta Fija, ajustando su cartera de inversión periódicamente, mientras se adapta a las nuevas situaciones del mercado. Realizan un análisis del mercado y cada activo en particular antes de realizar una inversión, ya sea Renta Fija o Renta Variable, incluso utilizan sistemas para gestionar su cartera. Hay que destacar que estos inversores deciden correr algún tipo de riesgo importante, siempre y cuando consideren mucho mayor el beneficio potencial que persigan. Los grandes inversores de esta categoría son amantes de la diversificación, siempre y cuando no sea en exceso.

El Inversor Agresivo: la cartera de estos inversores está compuesta en su mayoría por activos de Renta Variable. Su horizonte de inversión suele ser el corto plazo y les agradan las compañías emergentes con pequeña y mediana capitalización bursátil. Realizan muchas operaciones en el corto y mediano plazo, comprando y vendiendo, obteniendo beneficios (o pérdidas) por rápidas fluctuaciones del mercado. Además utilizan contratos de cobertura para disminuir su riesgo. Se encuentran sometidos a un mayor riesgo que las otras clases de inversores, pero su tasa de rendimiento puede ser muy alta si utilizan una estrategia adecuada, cuando el mercado los acompaña.

Si bien utilizamos como parámetros para categorizar a los inversores, el porcentaje de Renta Fija y Renta Variable en que se componen sus carteras, no necesariamente implica que invertir en activos de Renta Fija es más seguro que invertir en activos de Renta Variable. Ya que habría que analizar qué clase de activos en particular componen a la Renta Fija y la Renta Variable.

Por ejemplo, es más riesgoso adquirir un Bono Basura del Estado que adquirir acciones de una compañía de primer nivel. En tal caso la clasificación mencionada precedentemente implicaría en este caso en particular que un inversor agresivo este menos sometido al riesgo que un inversor conservador. Por tal motivo esta clasificación debe tomarse como una orientación para que el inversor se conozca a sí mismo en cuanto al manejo del riesgo y demás factores que influyen a la hora de realizar una inversión en La Bolsa y no como una regla general, ya que si queremos invertir en la bolsa o en cualquier ámbito, el primer paso que debemos tomar es conocernos a nosotros mismos.

Con el objetivo de conocer el perfil de los inversores para constituir un buen punto de partida para facilitar la toma de decisiones y conseguir que cada uno se sienta cómodo con el producto financiero que elija, se deben plantear las siguientes preguntas:

1) ¿Cuál es mi situación actual?

Se trata de establecer la situación económica y financiera en la cual nos encontramos actualmente. Para esto debemos tener en cuenta nuestro salario (o cualquier ingreso periódico), gastos y deudas actuales. Esto nos permite conocer que recursos disponemos para ahorrar e invertir, por tal motivo es indispensable elaborar nuestro propio presupuesto y patrimonio detallado. Los inversores con un gran patrimonio neto y altos ingresos pueden asumir mayores riesgos, en contrapartida pueden esperar mayores beneficios.

2) ¿Cuáles son mis metas u objetivos?

Debemos tener bien en claro hacia dónde queremos llegar, desde que decidimos invertir hasta su finalización. Algunos de los objetivos que pueden plantearse los inversores son los siguientes:

- Duplicar su capital en un periodo de tiempo determinado;
- Ahorrar con el objetivo de comprar un auto o irse de vacaciones (o cualquier otro bien de consumo)
- Conseguir la libertad financiera, acumulando un gran capital en bonos o acciones y vivir del pago de dividendos.
- Vivienda, jubilación, fiesta de boda, etc.

Si es un objetivo concreto como los mencionados, lo inversores deberán tener bien en claro el plazo y la cuantía de sus inversiones.

3) ¿Cuánto tiempo será necesario para alcanzar el objetivo?

En este caso debemos analizar nuestro horizonte de inversión y la cantidad de dinero que deseamos invertir, ya sea una cantidad única al comienzo o depositando periódicamente una suma determinada. Generalmente mientras más largo sea nuestro horizonte de inversión, mayores riesgos son a los que nos exponemos.

También debemos considerar la edad del inversor, es lógico que un inversor joven pueda asumir mayores riesgos que un inversor en edad cercana a su retiro.

4) ¿Qué riesgo estoy dispuesto a asumir durante la inversión?

La tolerancia al riesgo de cada inversor debe considerarse desde dos puntos de vista.

A) Desde un punto de vista financiero y económico: está directamente relacionado con la capacidad de asumir pérdidas en relación a su capital y su dinero disponible.
B) Desde un punto de vista psicológico: a muchos inversores puede causarle un nivel de stress muy alto el hecho de perder parte de su capital de un día para otro.

Este sentimiento es muy similar al que sienten los jugadores de Póker en caso de ser claro favorito en una mano y son superados por una serie de sucesos improbables.
Tanto en el trading como en el póker la sangre fría supera a la inteligencia.

5) ¿Es necesario el asesoramiento de un especialista?

Debido a que cada vez es más difícil entender los mercados financieros, aunque cada vez hay más información disponible en internet, puede que sea necesario recurrir a un especialista, si no entendemos bien en donde estamos invirtiendo.

****

«Recuerde nunca invierta en un negocio que no conozca o no llegue a entenderlo » Warren Buffett.

****

Imprevistos y Sesgos

Muchas veces tomamos buenas decisiones y los resultados son malos y otras veces ocurre todo lo contrario. Lo importante es entender a tiempo si los resultados obtenidos en los mercados es producto de tomar decisiones correctas o simplemente el azar hizo su trabajo, ya que las experiencias afirman que en el largo plazo las estrategias utilizadas correctamente superan cualquier factor externo que pueda alterar las inversiones de manera negativa.

Generalmente las empresas tienen mejores rendimientos de sus inversiones que las personas físicas, esto se debe en gran medida a que las grandes o medianas empresas tienen especialistas en el sector financiero y respetan los procesos de inversiones con un plan de negocios. Esto no ocurre con las personas de a pie, que en algunos casos ven caer sus inversiones 10 % o 20 %, se asustan y tiran todo por la borda.

Esto no quiere decir que sea una mala decisión abandonar una inversión cuando se va perdiendo un 20%, pero esta decisión debe tomarse de manera objetiva con un análisis previo, entendiendo que puede existir esa posible perdida y no ante el pánico que puede generar la perdida de nuestro dinero.

Aunque nadie está exento de padecer el pánico ante un derrumbe drástico de sus activos, es recomendable invertir no más del 5% de nuestro capital en cada inversión. Este porcentaje es relativo a cada circunstancia y persona, pero nos ayudara a que los resultados no nos afecten nuestro estado de ánimo y se puede tomar decisiones adecuadas en el momento justo, utilizando variables concretas y no emocionales.

Este estrecho de inversiones se realiza en tres etapas.

Primera etapa: la primera etapa consiste en analizar la relación costo/beneficio de la colocación de fondos, estimando que los beneficios potenciales son superiores a las pérdidas y riesgo esperados probables.

Segunda etapa: la vida de la inversión. En esta parte ocurren la mayoría de los procesos que pueden dañar los sentimientos del inversor, la avaricia, pánico, miedo, stress, etc. El ejemplo clásico se da en el sector bursátil cuando los inversores ven subir y bajar el precio de sus acciones. Tal vez sea muy difícil saber cuándo salirse y cuando quedarse, pero hay que entender que estas decisiones no debe ser influenciada por estos sentimientos, sino que deben abordarse con análisis particulares adecuados a cada situación.

Tercera etapa: aquí la inversión ha finalizado, ya conocemos los resultados, si han sido favorables o no, pero la principal dificultad es la autocrítica sobre nuestros actos y entender si hemos hecho lo correcto, a pesar de los resultados obtenidos.

CAPITULO III

EL CODIGO DEL INVERSOR

Tus expectativas, necesarias para orientar el cambio, pensadas desde tu sistema racional, pero tus emociones le van susurrando siempre algo al oído, midiendo como te sentís, corrigiéndolo, aconsejándolo, según tus metas y objetivos a largo plazo. Para lograr esto, cuanto más conozcas sobre tus emociones, mejor lo harás: «Si no te sientes bien, es probable que estés mal»

Estanislao Bachrach, En Cambio

I. INTRODUCCION

No dude en recurrir a esta parte del texto de *Estanislao Bachrach* para comenzar con la introducción de «*El código del inversor*».

El Código del inversor, pretende estudiar a los activos dentro de cada mercado y sus estrategias, teniendo en cuenta que pueden ser condicionadas por la psicología de cada inversor en particular o la psicología de los mercados en general, entendiéndose por esta última al comportamiento de un grupo de inversores que hacen fluctuar los precios en un mercado de competencia perfecta.

En el mercado que deseamos estudiar se encuentran sus activos que se mueven de acuerdo a cada estrategia a utilizar y además se tiene en cuenta la psicología del inversor o los sentimientos que harán tambalear los activos. Estos sentimientos son el estrés, la avaricia, el miedo y el pánico.

La manera en la cual se analizan las inversiones puede considerarse un hibrido entre la matemática financiera y la psicología.

Desde el punto de vista de las matemáticas financieras debemos tener bien en claro la fórmula de interés simple y su aplicación, que pasare a explicar a continuación, que será de gran ayuda para aquellos lectores que no se encuentran familiarizados con ella:

$$M = C * (1 + i * n)$$

Donde

- «M» es la suma de capital más los intereses al final del período
- «C» es el capital inicial
- «i» es la tasa de interés
- «n» es el número de períodos durante los cuales se capitaliza los intereses

Con el siguiente ejemplo se podrá ver claramente la aplicación de esta fórmula:

El señor Smith decide depositar $10.000 en plazo fijo en el Banco de su ciudad que le otorga una tasa de interés del 1% mensual, durante 6 meses.

¿Cuánto dinero tendrá el señor Smith al finalizar el plazo fijo?

M= ¿?

C= $10.000

i = 1%

n= 6 meses

Lo único que debemos hacer es reemplazar los valores en la fórmula de interés simple:

$$M = 10.000 * (1 + 0,01 * 6)$$

M= $10.600

El capital final del señor Smith será de $10.600.

Esta manera de abordar una inversión es la correcta desde el punto de vista de las matemáticas financieras, pero en este caso en particular tenemos todas las variables muy claras, simplemente debemos compararlo con otra inversión y escoger la que mejor rendimiento nos ofrezca en el menor tiempo posible.

Pero finalmente es hora de abordar estas variables desde el punto de vista psicológico. Análisis que se llevara a cabo en la siguiente sección.

II. EXPLICACION

Ya hemos visto como se aplica la fórmula de interés simple, reemplazando cada variable por su valor correspondiente. Pero a continuación veremos que cada una de estas variables representa un marco de análisis diferente para cada inversor, la cual le genera un estímulo capaz de alterar el curso de la inversión, muchas veces de manera desfavorable, debido a «*los cuatro sentimientos negativos que son el estrés, la avaricia, el miedo y el pánico*». Para ver sus definiciones recurriré al diccionario de la real academia española:

- *Estrés:* tensión provocada por situaciones agobiantes que originan reacciones psicosomáticas o trastornos psicológicos a veces graves.
- *Avaricia:* afán desmedido de poseer y adquirir riquezas para atesorarlas.
- *Miedo:* Recelo o aprensión que alguien tiene de que le suceda algo contrario a lo que desea.
- *Pánico:* miedo grande o temor excesivo sin causa justificada

a) C= Capital inicial (etapa pre inversión)

Esta variable se relaciona con las barreras de entrada que un inversor tiene para colocar sus fondos. Su inversión no debería representar gran parte de su patrimonio, ya que al ver perder gran parte de su patrimonio el inversor puede tomar decisiones condicionadas por sentimientos negativos.

1-El estrés no tiene lugar en esta etapa, ya que la decisiones no suele tomarse bajo presión, ni agobio mental.
2- La avaricia puede tener presencia en esta etapa, debido a que el inversor puede desconocer aspectos técnicos de la inversión, pretendiendo ganancias más altas de las que pueda conseguir en la realidad.
3-El miedo no juega un papel importante, siempre y cuando el capital invertido no represente gran parte de todo el patrimonio o fondos que posea el inversor.

4-El pánico no debería existir en esta etapa. En caso de padecer este sentimiento, el inversor tendrá grandes problemas de atravesar la siguiente etapa.

b) i= la tasa de interés (etapa intermedia) y n= cantidad de periodo (etapa intermedia)

La «i» representa la ganancia que conseguiremos a través del tiempo. Puede ser variable o fija. En el primer caso no hay mayores complicaciones, pero en el caso de ser variable el inversor puede ver otros horizontes de inversión, midiendo el costo de oportunidad que generaría invertir en otros activos.
En cuanto a la «n» podemos decir que es el tiempo en el cual transcurre la vida de la inversión. Momento tras momento el inversor puede plantearse si en verdad está haciendo bien las cosas, si su decisión es la correcta, si debe abandonar o si debe seguir adelante.

1-En mercados volátiles los niveles de estrés pueden afectar de manera grave al inversor, sobre todo si se tiene poca tolerancia al riesgo. Ver subir y bajar sus resultados puede llegar a ser muy agobiante sino se tiene una estrategia establecida de antemano.
2- La avaricia juega un papel muy importante y en caso de no conseguir los resultados esperados, muchos inversores desean doblar la apuesta, hasta recuperar lo perdido, sin aceptar que la pérdida era una posibilidad latente. Este criterio suele llevar a muchos inversores a la bancarrota. Por otro lado en caso de conseguir buenos resultados, la naturaleza de muchos inversores los hace desear volver a apostar en el mismo juego, independientemente de si el contexto ha cambiado.
3-Muchos inversores pueden sentirse cómodo con algo de miedo moderado, ya que les permite estar alertas en diferentes ocasiones, pero cuando se incrementa pasa a un nivel superior (el pánico).
4-Si el pánico se apodera de un inversor, este debería abandonar la inversión, ya que carecerá de raciocinio para tomar decisiones.

c) M= valor final de la inversión (etapa postinversión)

Este es el momento donde el inversor tiene toda la información y puede juzgarse a sí mismo si en verdad ha hecho bien su trabajo.
En la etapa final el impacto psicológico es similar que en la etapa inicial. El principal reto del inversor es saber si se ha comportado de manera adecuada, independientemente del resultado final.

APLICACIÓN

Una vez que el inversor estime el impacto que tendrá cada sentimiento en su inversión podrá "aplicar un índice entre 0 y 1 en cada variable" en el cual nos permitirá una mayor aproximación a la realidad. Este índice surge de forma subjetiva lo cual es necesario ser sinceros con nosotros mismos si queremos aplicarlo de manera eficiente.

Diremos que a mayor impacto psicológico en cada variable menor será nuestro índice a utilizar y viceversa. Entonces una variable sin impacto psicológico será igual a 1.

Volviendo al caso practico

C= $10.000

i = 1%

n= 6 meses

Cuyo resultado es: M= $10.600

Suponiendo que un inversor después de un análisis global decide llevar a cabo la misma inversión, pero teniendo en cuenta sus impactos emocionales, aplicando los siguientes índices.

Índice de la variable C=1 sin impacto psicológico.

Índice de la variable i= 0,9 poco impacto psicológico

Índice de la variable n= 0,9 poco impacto psicológico

C= 10.000 x 1 => 10.000

i = 1 x 0,9 => 0,9

n= 6 x 0,9 => 0,54

Ahora simplemente nos queda reemplazar los nuevos valores en la formula De interés simple:

$$M = 10.000 * (1 + 0,009 * 5,4)$$

M= 10.486

Como puede apreciarse existe una diferencia de $114 con respecto a la inversión que no tuvo en cuenta el impacto psicológico del inversor. Este importe puede resultar decisivo a la hora de elegir una inversión, replanteándonos un nuevo coste de oportunidad.

III. CONCLUSION FINAL

En síntesis aquel inversor que logre controlar estas variables desde el punto de vista psicológico, significara que estará realizando una «inversión eficiente», que puede ser rentable o no, pero su principal ventaja será que sus análisis de inversión serán objetivos y solo podrán ser alterado en caso de que el contexto y la situación lo requiera y no por sentimientos negativos.

Tal vez no sea un camino para nada fácil lograr que un inversor se encuentre en sintonía su personalidad, conducta, percepción y motivación con sus conocimientos técnicos sobre economía finanzas e inversiones. Sin embargo ser consciente del camino que debe recorrer, tanto desde el punto de vista de la matemática financiera como del psicológico, puede ayudarlo a resolver y plantearse problemas que en otras ocasiones podría habérseles atribuido al azar o la mala suerte y en tal caso nuca se conseguirá una solución satisfactoria, ni mucho menos resultados favorables en el largo plazo.

Lo aconsejable es volver a analizar la inversión para saber si en verdad ha sido una inversión eficiente, teniendo en cuenta sus aspectos técnicos y el impacto psicológico que ha causado en cada etapa.

Una analogía se da en el caso de los jugadores profesionales de póker, jugando de manera exitosa sin importar sus cartas, adaptándose a sus oponentes (el contexto), realizando apuestas con expectativas positivas, que si bien no son infalibles, en el largo plazo les brindarán los frutos acorde a sus esfuerzos y trabajo, si logran mantener su sangre fría ante las malas rachas.

Por ultimo quisiera remarcar en 8 postulados lo que significa en todo su conjunto «El Código del Inversor»:

1. *Es un análisis global:* tiene en cuenta los aspectos técnicos de cada inversión, sin dejar de lado la parte psicológica que afecta y condiciona a cada inversor en su toma de decisiones.
2. *Es una fórmula matemática:* cuyo objetivo es entender todas sus variables en toda su amplitud.
3. *Es adaptable:* si bien en este libro se utiliza la fórmula de interés simple, se puede utilizar todo tipo de fórmulas matemáticas relacionada con la inversión que realizamos.
4. *Es Continuo*: invertir y ganar el 50% no produce un efecto inversamente proporcional que perder el 50% de dicha inversión. Desde un punto de vista matemático cada vez que perdemos el 50%del capital, necesitamos ganar un 100% para volver al punto de partida. Desde un punto de vista psicológico el efecto de la perdida suele conducirnos a querer recuperar la inversión, inclusive sin un justificativo sólido, lo cual nos llevara poco a poco a perdida de capital constante.
5. *Programable:* debe ser la expresión de un análisis previo realizado por el inversor, cuyas variables intervinientes serán objetivas y subjetivas.
6. *Preventiva:* nos permite tener una idea de cómo nos comportaremos ante diferentes estímulos en cada inversión.

7. *Estimativo:* al intervenir variables subjetivas solo podremos hacer aproximaciones de la realidad, lo cual puede diferir de la realidad misma en muchas ocasiones.
8. *Comparativo:* conociendo un nuevo potencial monto, podremos realizar un nuevo análisis de coste de oportunidad con respecto a otras inversiones.

BIBLIOGRAFIA

Pantanetti Mariano (2008), Invertir y Ganar, Gran Aldea Editores

Robert Kiyosaki (1997), Padre Rico, Padre Pobre, Punto de lectura

Benjamin Graham (2007), El inversor inteligente, Deusto S.A. Ediciones

Estanislao Bachrach (2014), En Cambio, Sudamericana

Rhonda Byrne, (2007), El Secreto, Urano

Napoleon Hill, (2012), Piense y Hagase Rico, Obelisco

Nassim Taleb, (2008), El Cisne Negro, Paidos Iberica

John T. Harvey, (2011), Los Secretos de la Mente Millonaria, Sirio

WEBGRAFIA

https://es.wikipedia.org
https://www.bitcoin.com/
https://coinmarketcap.com/
http://www.crowdsourcing.org/
https://www.standardandpoors.com
https://www.magicformulainvesting.com/
http://www.cnv.gob.ar/